Life is full of mystery

탐정의 세계

탐정의 세계

the world of detectives

'훈련된 관찰자'이자 '걸어 다니는 사회학자' 탐정의 눈으로 본 세상

염건령

시작하는 글

나는 개인적으로 최대한 많은 인물이 나오는 소설을 좋아한다. 한두 사람이 등장하는 작품보다는 인물이 수없이 나오는 소설이 좋다. 여러 사람의 다양한 성격과 이들의 얽혀버린 복잡한 인간관계를 상상하면서 읽는 게 즐겁기 때문이다. 특히 프랭크 허버트의 《듄》이나 일본의 SF작가인 다나카 요시키의 《은하영웅전설》같은 대하 SF소설은 문화적으로 큰 충격이었다. 거대한 세계관과 복잡한 인간 군상들의 드라마 속에서 사고가 확장되는 즐거움을 만끽할 수 있었다.

나는 어린 시절 작가를 꿈꾸었다. 학교 도서관에 비치된 수많은 소설작품을 읽으면서 성장했다. 도서관 한 코너를 꽉 채웠던 셜록 홈스 시리즈를 비롯한 수많은 추리소설은 나의 인생에 많은 영향을 미쳤다. 세상을 움직이는 건 결국 눈에 보이지 않는 인간의 동기다.

나는 탐정학 교수다. 탐정이 되려는 학생들에게 탐정의 역사부터 다양한 조사 기법과 전문적인 법률 체계 및 탐정 실무를 가르친다. 탐정은 사건의 진실을 추적하고 확인하는 사람이다. 눈에 보이는 것을 쉽게 믿지 않고, 선입견이나 고정관념을 없애기 위해 끊임없이 사고훈련을 한다. 세상에 단정할 것은 없다는 기본적인 시각을 갖고 있다.

하나의 사건에는 드러나지 않는 수많은 맥락이 숨겨져 있다. 그 맥락을 만든 건 인간의 욕망이다. 사건과 관련된 어떤 인물도 중요하지 않은 인물은 없다. 사건 조사의 기본은 최대한 많은 인물을 찾아내고 그 누구도 제외하지 않고 점검하는 것이다. 의외의 인물이 사건 해결의 키를 쥐고 있는 경우가 많기 때문이다. 관련자를 어떤 인물까지 생각해낼 수 있느냐, 숨어 있던 인물을 어디서 찾아낼 수 있느냐를 생각할 수 있어야 한다.

나의 소설 취향은 이런 탐정적 사고와 연관되어 있다. 다양하고 복잡한 세상과 인간에 대해 유연하고 폭넓은 스펙트럼을 가져야 하는 탐정의 조사력은 과학적이면서도 인간에 대한 깊은 이해에서 비롯되는, 창의적인 상상력이 요구되는 총체적인 것이다.

2025년 현재 한국에는 다양한 분야에서 2만 5,000명이 넘는 탐정들이 활동하고 있다. TV나 영화, 드라마, 추리소설에서나 보던 탐정들이 현실에서 어떻게 활동하고 있는지 이야기할 수 있어 감개무량하다. 그동안 수면에 드러나지 않았던 실제 탐정의 세계와 역사는 생각보다 깊고 넓다. 탐정들은 합법과 불법의 경계를 넘나드는 인간의 욕망을 가장 최전선에서, 가장 깊숙하게 관찰하고 문제를 해결하는 자다. 탐정의 세계를 통해 당신은 아마 이전보다 세상을 더 깊숙하게 보는 눈을 가지게 될지도 모른다.

    탐정은 인류 역사가 기록된 이래 존재해왔다. 기원전 로마 시대에도 비밀 스파이 요원을 통한 정보 수집이 언급될 정도로 탐정업은 오랜 역사를 갖고 있다. 인류 역사를 정보전쟁의 역사라고 본다면 그 본질에 있어서 탐정은 인류와 함께 시작되었다고도 볼 수 있다. 정보가 곧 권력이기에 정보를 지키고 숨기고자 하는 자와 알아내고자 하는 자들의 분투가 곧 인류의 역사라고 볼 수 있다.

    영미권에서는 탐정을 '프라이빗 아이Private Eye'라고 부른다. 국가권력이나 정부 기관의 조사 여력이 미치지 못하는 사회의 다양한 사각지대를 누비는 사립탐정Private Detective을 이렇게 부른다는 것은 의미심장하다.

    탐정이 고도로 발달한 서양의 경우 왕으로부터 권력을 돌려받기 위한 시민들의 투쟁으로부터 시작되었다. 왕에게만 충성하는 공무원과 관료제도로 인해 시민들은 자신의 권리를 보장받을 수 없었고, 민형사상 권리를 보호하기 위해서 별도의 용역 조사 제도가 필요했다. 그것이 19세기에 이르러 사립탐정으로 자리 잡게 된다. 특히 영국과 미국에서는 소송할 때 당사자인 원고와 피고에 의한 증거 입증을 중요하게 다룬다. 법정에서 유리한 증거나 자료를 스스로 수집할 수 있는 권리가 시민에게 있다 보니, 이를 대행할 수 있는 전문가의 수요가 급증하게 된 것이다.

국가권력이 아닌 시민 개인의 관점으로 사건을 파헤치는 시선, 이것이 탐정의 시선이다. 세상의 불공정함에 짓눌린 삶을 회복하고자 몸부림치는 이들을 돕는 시선이다. 그렇다면 현재 한국에서 활동하는 탐정들은 과연 어떤 사람들일까?

탐정이 되는 이들의 공통점 중 하나를 꼽자면 혁명가 기질을 가진 은둔형 인간이라는 점이다. 이들은 보이지 않는 곳에서 사회정의를 구현한다는 자긍심을 갖고 있다. 특히 사회의 부당함이나 아픔을 겪고 자신의 경험을 바탕으로 남을 돕기 위해 피해자에서 탐정으로 변신한 이들이 많다.

창원이나 구로, 판교에 있는 탐정사무소에서는 기술유출로 사업체를 접은 전직 사장이 탐정으로 변신해 산업 스파이들을 잡고 있다. 가해자는 주로 변호사를 찾고 피해자는 탐정을 찾는데, 파렴치한 가해자를 변호해야 했던 로펌 변호사가 탐정 자격증을 따기도 한다. 군사경찰로 복무하며 군대 내 부당한 사건에 괴로웠던 이는 퇴역 후 군 전문 탐정으로 활동하고 있다. 남편의 잦은 외도로 이혼한 뒤 불륜 전문 탐정이 되어 뛰어난 역량을 발휘하는 여성 탐정들도 있다.

이들은 아픔을 겪은 만큼 더 강해진 사람들이다. 자신의 경험과 상처를 세상을 위한 거름으로 쓰며 세상이라는 밭을 갈아엎고자 탐정이 된 사람들이다. 사회의 상류층부터 밑바닥까지 접하며 몸으로 부딪히는 탐정들은 누구보다 사회나 정치 문제에 대한 관심과 이해가 높다. 사회를 움직이는 인간의 욕망 깊숙한 곳을 탐사하는 탐정들은 그야말로 '걸어 다니는 사회학자'들이다.

탐정은 한 사회의 윤리적 규범을 수호하는 파수꾼이다. 나름의 정의감으로 세상에 대한 기본 규칙과 상식을 지켜내고자 탐정이 되지만 진실을 확인했을 때 종종 윤리적 딜레마에 직면한다. 합법적인 틀 안에서 다양한 방법을 동원하여 추적한 진실은 아무리 유연한 사고를 갖고 있는 탐정이라도 당혹스러울 때가 많다. 사건 의뢰자에 앞서 진실과 마주치기에 그에 대한 후폭풍을 먼저 맞고 감내해야 한다. 탐정의 비밀 유지 계약조항 때문에 누구에게도 발설할 수 없다.

궁극적으로 탐정은 의뢰자를 비롯한 사건 관계자들, 그리고 본인을 포함한 사회 공동체를 위해 가장 옳은 결정을 내려야 하는 순간과 직면하곤 한다. 진실의 무게를 감당하며 그 순간 옳고 그름에 대한 철학적인 윤리관이 없다면 탐정을 지속할 수 없다. 극한의 인내력과 체력, 감성지능을 비롯한 현실적이고 복합적인 지능은 필수고, 사회적인 정의감과 강한 멘탈이 없다면 할 수 없는 것이 탐정이라는 직업이다.

이 책을 통해 실재하는 탐정의 세계를 보여주고, 탐정

의 사고와 시선으로 세상을 좀더 깊숙이 들여다볼 수 있도록 하고자 한다. 세상에 대한 이해와 인간에 대한 이해에 도움이 되기를 바란다. 탐정은 인간이라는 생태계 깊숙한 곳을 바라보는 '훈련된 관찰자'다. 인간의 욕망이 어떻게 움직이는지, 실체를 확인하는 탐정의 눈으로 바라보는 세상을 보여줌으로써 우리 사회가 보다 나은 세상으로 나아가기를 바란다. 또한 탐정이 필요한 시대, 누가 탐정이 되어야 하는가를 짚어줌으로써 직업으로서의 탐정을 꿈꾸는 이들을 위한 마중물 같은 책이 되기를 바란다.

이 책을 쓰는 데 많은 도움을 준 염지혜 연구원을 비롯한 가톨릭대학교 한국탐정학연구소 가족분들에게 감사드린다.

차례

시작하는 글 · 5

1부
탐정의 눈으로 세상을 본다는 것

인간의 행위는 이유나 원인 없이 이루어지지 않는다 · 15
우리가 안다고 생각하는 것을 어떻게 아는가 · 22
문제를 해결하기 위해 문제를 구조화한다 · 33
관찰은 '잘 보는 것'이 아니라 '의미 있게 보는 것'이다 · 39
미래를 예측하는 것은 추리력이다 · 45
아무 일도 일어나지 않는다면 예방된 것이다 · 53
진실을 감당하는 용기는 공동체 의식에서 나온다 · 60

2부
우리가 몰랐던 탐정의 정체

탐정이라는 직업 · 69
3차 대전을 막은 '비둘기파' 탐정 · 76
19세기 프랑스 파리의 범죄율이 급감한 이유 · 82
미국이라는 국가가 만들어지는 데 일조한 탐정회사 · 87
'월가의 CIA'라 불리는 탐정회사의 조사력 · 93
형사와 탐정의 추리력 차이 · 98
궁극의 질문을 마주한다는 것 · 104

3부
탐정의 시선으로 본 한국 사회

분노 조절이 힘든 사회 · 113
대책 없이 오래 살게 된 노인들 · 119
관계 단절이 낳는 관계망상 · 124
사기꾼에게 최적화된 사회 · 132
검사가 사건 당사자인 나라 · 139
시스템 밖으로 사라진 사람들 · 145
'눈먼 돈' 세금 도둑들 · 151
전문 탐정이 필요한 한국 사회 · 156

4부
탐정을 보면 그 나라가 보인다

영국 · 202
미국 · 207
스페인 · 212
독일 · 216
프랑스 · 219
일본 · 222
스웨덴 · 227

마치는 글 · 232

부록 – 탐정이 되는 과정 · 237
참고 문헌 · 245

1부

탐정의 눈으로
세상을 본다는 것

인간의 행위는 이유나 원인 없이
이루어지지 않는다

　나는 범죄학과 범죄수사학, 탐정학을 30여 년간 연구해왔다. 사람들이 가끔 나에게 묻곤 한다. 범죄와 범죄자를 연구하다 보면 혹시 주변인들도 범죄자로 의심하지는 않느냐고. 어느 젊은 초보 탐정이 나에게 상담을 요청한 것도 이와 관련 있었다. 주변 사람들을 의심하다 점점 인간관계가 어려워진다는 것이다. 탐정의 업무는 의심이 기본이다. 업무와 관련된 시선을 지인에게 투영하는 순간 고립을 자초할 수 있다.
　나는 기본적으로 인간은 선한 존재라고 생각한다. 사회는 인간이 가진 다양한 욕망으로 돌아간다. 욕망은 내가 바라는 것을 이룰 때까지 멈추지 않는다. 욕망이 이기적인 욕심으로 변질되어 남에게 피해를 주는 순간, 범죄나 사기와 같은 행동이 발생한다. 이러한 악한 요소와 존재들을 솎아내는 것이 탐정의 역할이다. 선함 속의 악함을 추적하고 제거하는 유도탄과 같다.

　　인류가 지금까지 진화해올 수 있었던 이유는 사회적 협력 능력 때문이다. 인간은 고도의 사회성과 선한 이타성을 가진 존재로 진화했다. 일부가 거짓말을 하거나 악한 짓을 할 수 있지만 전체적으로는 서로에게 도움이 되는 역할을 하므로 생태계가 지속 가능하다. 자연 생태계가 자정작용을 갖춘 것처럼 인간 생태계를 교란하는 이들을 걸러내고 솎아내는 역할을 하는 것이 범죄를 다루고 연구하는 이들이다. 경찰, 검사, 범죄학자, 탐정 등은 마치 연못을 정화하는 작업을 하는 존재들과 같다. 다른 이들에게 피해를 입히는 존재를 타깃으로 하기 때문에 그들의 부정적인 세계관을 연구하고 이해하려 한다.

　　인간의 행위는 이유나 원인이 없는 상태에서 이루어지지 않는다. 기계가 동력을 얻어야 가동되는 것처럼 인간의 행위도 이유나 동기 또는 원인을 반드시 가지고 있다. 이에 대한 명확한 설명이 어렵더라도 '실체적 진실'을 밝히는 것이 탐정의 일이다. 그래야 한 인간이 다른 인간의 행동을 이해하는 기반을 갖게 된다. '인간 행위의 필연성'을 밝히고 추리하는 것이 탐정이 하는 일이다.

　　현재 우리나라에는 경찰행정학과, 경찰학과, 범죄수사학과가 약 120개가 있다. 5년 전까지는 경찰관을 매년 4, 5,000명씩 채용했지만 현재는 1,000명도 채용하지 않는다.

날로 심해지는 청년 실업과 경찰 공무원 채용이 줄어드는 현실과 맞물려 많은 청년이 탐정에 지원하고 있다. 이와 더불어 1955년부터 1969년 사이에 태어난 베이비부머 세대 중 많은 이들도 탐정으로 제2의 인생을 살고 있다. 전문 직종에서 은퇴한 베이비부머들이다.

　　　기업의 회계 담당 부장이나 임원 출신이 탐정 면허를 취득한 후 기업의 내부 부정이나 부패를 감시하거나 특허청에서 저작권 관련 업무를 하던 이들이 저작권 탐정으로 활동하고 있다. 국정원 출신이나 경찰 출신 탐정도 다수 존재한다. 이들은 한국 사회를 온몸으로 겪어온 사람들이다. 세상의 이면에 숨겨진 다른 내막이 있을지도 모른다고 의심하는 경향이 강하다. 정부가 경기 부양을 위해 세금을 인하한다고 발표하는 경우 사실은 선거를 대비해 표를 얻기 위한 전략은 아닌지 의심한다. 탐정 교육을 하다 보면 이들의 특성이 잘 드러난다. 조용히 수업을 듣다가도 의구심이 드는 것에 대해 질문이 끝없이 이어진다.

　　　우리나라에서 가장 많은 범죄는 폭력이다. 다음은 경제사범, 그중 사기범이다. 사기범은 상대를 속이는 것이 목적이다. 현장에서 경찰이 수사하는 사기범과 탐정이 조사하는 사기범 간에는 차이가 있다. 경찰이 다루는 사기는 주로 돈을 갚지 않을 목적으로 돈을 빼앗는 범죄이며, 형사처벌의 대상이다. 반면, 탐정이 조사하는 사기는 형사처벌이 불가능한 경우가 많다. 사기로 정의되지만 법적 제재를 받지 않는 경우도 존재한다. 탐정이 다루는 사기 사건은 범위가 광범위하고 포괄적이다. 그동안 탐정이 적발한 사기꾼들의 양상은 매우 다양한데 일반인들과 다른 특징이나 패턴이 있다.

사기범들은 대부분 상습범이다. 이들은 사기를 업으로 삼고 평생 유지하는 경향이 있다. 평생 직업인 셈이다. 교도소에 있는 동안은 휴직이고 출소 후에는 다시 업무에 복귀한다. 출소 후 1년 정도는 모범적으로 산다. 사전 준비 기간이다. 사기꾼은 기생형 인간이다. 여성 사기꾼들은 남성 동거인을 만들어 그들의 돈으로 산다. 남성 사기꾼들도 마찬가지다. 동거인은 사기범에게 경제적 지원을 제공하는 숙주다.

사기범들은 인간관계를 두 부류로 나누어 관리한다. 비정상적인 집단과 정상적인 집단을 구분하여 인간관계를 맺는 것이다. 비정상적인 집단에는 문서 위조자, 꽃뱀 등 다양한 범죄 기술자가 포함되어 있는데 서로 협력하여 사기를 친다. 정상적인 집단은 사회적으로 평판이 좋은 사람들이나 유명인들로 구성되어 있다. 정상적인 집단은 사기범의 사회적 이미지와 신뢰성을 높여주는 역할을 한다. 사기범은 두 집단을 절대 섞지 않는다.

사기범은 범죄 지능이 뛰어난 경우가 많다. 일반적인 지능과는 다르게 범죄를 계획하고 실행하는 데 특화된 지능이다. 특히 거짓말을 논리적이고 구체적으로 만들어내는 능력이 뛰어나다. 남을 속이기 위한 이야기 짓기 능력이다. 그리고 외모로 상대를 무장 해제시키거나 끌어당긴다. 착하게 생긴 보통의 외모거나 잘생기고 호감이 가는 외모를 지닌 경우가 많다. 사기꾼 중에 험악하게 생긴 사람은 별로 없다.

무엇보다 이들은 윤리관이나 도덕관이 결여되어 있다. 상식, 윤리, 도덕을 따지지 않는 경향이 뚜렷하다. 사기꾼들의 가장 큰 쾌감은 상대방을 속였다는 데 있다. 오히려 돈은 부차적인 목표이고 상대를 속이는 데서 오는 쾌감이 진정한 동기라고 볼 수 있다. 이들은 피해자를 심리적으로 불안하게 만들고 즐거움을 느낀다.

사기꾼의 특징을 상징적으로 보여주는 것이 '리플리 증후군Ripley Syndrome'이다. 사기꾼은 자신이 사칭한 신분을 스스로 믿는 경우가 많다. 이러한 현상을 '리플리 증후군'이라고 한다. 자신이 위장한 그 신분과 인물에 자신을 완전히 투영하고 유지하는 것이 가능하다. 배우가 특정 인물을 연기하기 위해 그 인물에 대해 연구하고 해당 인물의 사고방식이나 생활 방식을 일정 기간 동안 체화하는 것처럼 사기꾼들은 자신이 사칭한 신분에 대해 깊이 이해하고 훈련하여, 행동이나 말이 자연스럽게 나오도록 만든다. 그 과정에서 자신의 신분을 진짜처럼 느끼게 된다.

이런 사기범들을 잡아내기 위해 탐정이나 수사관, 경찰, 검사 등은 기본적으로 불신을 바탕으로 사람을 바라본다. 사건에 연루된 사람이면 죄를 지었을 것이라는 전제를 가지고 수사에 임하게 된다. 이는 직업적 성향에서 기인한 것으로, 불신은 이 업무의 중요한 요소다.

　의심은 에너지가 많이 쓰이는 두뇌 활동이다. 특히 사기 사건을 다루는 경우 도대체 어디까지 의심해야 되는지 점검하느라 에너지가 많이 쓰인다. 성별까지 넘나들며 사람들의 정신을 어지럽힌 '전청조 사건'만 떠올려봐도 짐작이 될 것이다.

　나는 상담을 요청한 그 초보 탐정에게 조언했다. 에너지 고갈로 인간관계를 소홀히 하는 게 원인일 수도 있으니 적절한 휴식을 취하면서 일하라고. 탐정은 사람을 복잡하게 바라보며, 업무 경험 속에서 사람에 대한 불신이 깊어지기도 한다. 하지만 나는 탐정 교육 과정에서 종종 당부한다. 탐정 업무를 하다 보면 예상치 못한 일들을 많이 접하게 될 텐데, 이런 일들이 우리 주변에서 흔히 일어나는 일이라고 생각해서는 안 된다고. 일반인이 듣도 보도 못할 사건들이 탐정에게는 일상이지만 이는 특수한 상황 속에서 벌어지는 일일 뿐, 모두가 경험하는 현실이 아니기 때문이다.

　고백하자면, 나도 그런 시기를 거쳤다. 탐정은 일반인의 눈에 보이지 않는 것들이 일상 속에서 많이 벌어지고 있다는 것을 알게 된다. 겉으로 드러나거나 통계에 잡히지 않는 많은 사례가 서서히 탐정의 일상을 잠식할 수 있다. 일상생활에서 사람들과 자연스럽게 어울리는 것이 쉽지 않다.

사회적인 고립을 자발적으로 선택하기도 한다. 탐정은 일상의 패턴에서 벗어난 이상 징후를 찾는 역할을 수행하기 때문에 '오프Off 모드'로 쉬는 게 쉽지 않다.

어느 정도 시간이 흐르고 탐정의 사고방식을 훈련하며 연륜이 쌓일수록 점차 일과 삶을 조율하는 힘과 시야를 확보하게 된다. 인간 행동의 동기나 이유, 원인을 알면 어떤 조건에서 특정 행동을 하는지, 혹은 하지 않는지 가늠할 수 있다. 이런 눈과 함께 세상을 건강하게 살아가는 힘은 자기 철학에서 나온다. 무엇보다 탐정으로서 정체성을 지키려는 노력에서 비롯된다.

나는 세상에 두려운 게 별로 없다. 범죄를 수사하고 연구하는 것은 세상에 대한 면역력을 높여주었다. 면역력이 높아지면 그만큼 방어력도 높아진다. 세상이 돌아가는 흐름 속에서 범죄가 발생하는 이유나 원인을 추적하는 것, 이것은 내 안의 쓸데없는 걱정이나 두려움보다 집중도를 높여준다. 탐정의 시선을 유지한다는 것은 세상에 대한 적극적이고 주체적인 탐구자이자 파수꾼의 눈을 갖는 것이다. 탐정의 시선은 곧 나를 지키고 세상을 지키는 것이다.

우리가 안다고 생각하는 것을 어떻게 아는가

의심을 직업적으로 발휘하는 탐정은 전문적인 회의론자다. 탐정의 조사 사고방식은 아무것도 믿지 않고 모든 것을 경계하는 것이 중요하다.

탐정은 세상에 대해 단정 짓는 것을 경계한다. 사건의 인과관계를 밝히기 위해 극단적 인내력으로 끝까지 판단을 유보하며 조사를 진행한다. 가능하면 충분한 데이터가 수집될 때까지 결론에 도달하는 것을 연기한다.

세상에는 확실한 결론이 없는 사건이 많다. 모든 사건은 각기 다른 특수성을 가지고 있다. 같은 유형의 사건이라도 상황에 따라 전혀 다른 방향으로 흐를 수 있다. 사람과 사건은 결코 쉽게 단정할 수 없다.

다양한 가능성을 염두에 두는 사고방식 때문에 탐정은 사람들과 대화할 때도 "이럴 수도 있고 저럴 수도 있다"

며 여러 관점을 말하는 습관이 있다. 일반인이 보기에 지나치게 신중해지는 이유는 수많은 사건을 접하며 다양한 인간 군상을 관찰하고 겪기 때문이다. 사람과 사건의 스펙트럼은 넓고 다양하다는 것을 체득하게 된다. 사건을 확실하게 단정 짓기보다는 다양한 가능성 속에서 탐구하게 된다.

탐정은 진실을 추적하는 사람이다. 수많은 정보의 조각과 왜곡, 허위 진술, 기억의 혼란, 그리고 무엇보다 자신의 사고가 만들어내는 편견과 착각이라는 장애물을 넘어야 한다. 인간의 인지는 정보를 항상 객관적으로 처리하지 않는다. 유능한 탐정은 자신의 인지적 한계를 자각하고 이를 극복하기 위한 훈련된 전략과 사고 기법을 동원한다. 이 장에서는 탐정의 사고방식과 대표적인 사고 훈련법을 소개하고자 한다.

시각 훈련

먼저 다면적으로 상황을 관찰하기 위한 '시각 훈련'이 있다. 우리의 눈은 보통 이미 우리 마음에 있는 것을 찾는다. 그래서 실제로 보고도 못 보는 것이 많다. 시각 훈련은 보고 있는 것을 객관적으로 더 많이 보고 기억하기 위한 훈련이다. 현장에서 추적·관찰하는 필드 탐정은 정확하게 조사 대상자의 행동이나 눈으로 들어오는 관련 정보를 순식간에 이해하고 다음 진행을 결정해야 한다. 순발력이 뛰어나야 하지만 더 중요한 것은 시야각을 넓히고 다양하게 들어오는 정보를 뇌에 집어넣는 능력이다. 늘 멀리 있는 사물이나 사람에 대해서 다면적으로 관찰하고 이를 분석하는 훈련을 한다. 사람이 많은 거리에서 특정 인물을 찾아내거나 하나의 물체 또는 차량의 이동을 놓치지 않고 계속 바라볼 수 있는 훈련도 한다.

이는 시력의 좋고 나쁨과는 상관없다. 시야각이나 눈으로 들어오는 시각 정보를 빠르게 분석하는 능력이 중요하다. 일부 외국의 탐정교육에는 큰 화면에 여러 가지 장면을 짧게 띄운 뒤 제한된 시간 안에 화면에 나온 장면들을 분석하고 인식한 내용을 정리하는 훈련이 들어 있다. 이런 훈련을 통해서 조사 과정의 에러와 실수를 줄일 수 있고 빠른 시간 안에 핵심적인 자료와 정보, 증거 등을 수집할 가능성을 높인다.

인간의 시각은 무언가를 보면서도 실제로는 보지 못하고, 방금 본 것을 자세히 기억하는 데에도 한계가 있다. 시각 훈련은 이를 이해하고 '왜 보면서도 못 보는가'에 대해 질문하고 분석한다. 왜 특정한 것은 보거나, 혹은 보지 못하는가에 대한 점검은 한 사람의 사고 상태를 점검하는 기초적인 질문이다. 탐정의 사고 훈련은 '나는 왜 보고도 놓치는가'라는 질문을 던지는 것에서 시작한다. 이를 통해 자신의 사고와 상태를 점검한다.

편향 제거 훈련

탐정이 가장 흔히 마주하는 사고 장애는 '확증 편향'이다. 이미 믿고 있는 정보나 가설에 부합하는 것만을 선택적으로 수집하고, 반대되는 정보는 무시하거나 축소하려는 인지적 경향을 말한다. 이는 탐정에게 가장 치명적인 오류를 발생시킨다. 한 사건에 대해 가설을 세우는 순간 무의식적으로 그 가설을 지지하는 증거만을 찾고 싶은 유혹이 생긴다. 특히 경험 많은 탐정일수록 '이런 사건은 보통 이런 식으로 흘러간다'라는 경험 기반의 추측에 빠지기 쉽다. 이는 곧 진실로부터 멀어지는 지름길이 되기도 한다.

이러한 확증 편향을 극복하는 방법은 의도적으로 반대 가설을 세워 검증하는 훈련을 반복하는 것이다. 한 가지 설명이 타당해 보이더라도 그와 정반대되는 가설을 세우고 검토하는 과정을 통해 자기 확신의 함정을 피하는 것이다.

탐정은 절대 하나의 정보원에만 의존하지 않는다. 다양한 출처에서 정보를 수집하고, 서로 다른 관점을 비교하며, 자신의 판단을 계속 점검한다. 동료 탐정과의 토론은 자신의 편향을 자각하고 수정할 수 있는 중요한 과정이다. 과거 자신이 다뤘던 사건을 다시 들여다보거나 동료들과의 토론을 통해 사고의 틀을 점검한다. '그때 왜 이 방향으로만 조사했을까?', '혹시 누군가의 진술을 무의식적으로 더 신뢰하지 않았을까?' 등의 질문을 던진다. 스스로 자신의 한계를 인식하기 위함이다. 동료 탐정들의 시각과 비교하는 과정에서 각자 다르게 바라보는 지점이 드러나고 자신도 모르던 선입견과 편향성이 드러나기도 한다. 이런 자기반성과 검토 과정을 통해 점점 더 객관적이고 균형 잡힌 시선을 갖추게 된다.

사실 중심의 접근은 탐정 사고의 기초다. 탐정은 어떠한 사건도 감정이나 직관에만 의존해 판단하지 않는다. 정보의 진위를 가리기 위해 끊임없이 '무엇이 객관적 사실인가'를 되묻는다. 탐정의 기본은 회의론적 태도다. 어떤 정보든 처음엔 의심하고 철저히 검증하려는 태도를 취한다. 이는 단순히 사람을 불신하거나 부정적인 관점을 가진다는 의미가 아니다. 정보를 비판적으로 분석하고 그 근거를 확인함으로써 오류를 최소화하려는 태도다. 진술 하나하나를 곧이곧대로 믿지 않는다. 증거가 그 진술을 뒷받침하는지, 반대되는 정보는 없는지를 교차 검토한다.

이러한 회의론은 누구나 실천할 수 있다. 일상에서 쉽게 믿는 말이나 뉴스, 자료 등을 접할 때 '이게 사실일까?', '이 정보의 출처는 무엇일까?'라고 자신에게 질문을 던지는 것이다. 탐정이 인지적 실수를 방지하기 위해 던지는 기본적인 질문은 '우리가 안다고 생각하는 것을 어떻게 아는가?'*다. 이 질문은 내가 속한 집단 사고의 함정부터 모든 조사에서 가정, 증거 및 절차에 의문을 제기할 때 가장 가치 있

---

* 《탐정학개론》, 이상수·염건령 저, 대영문화사, 2022년.

는 질문이다. 어떤 것에 대해 확신하기 전에 '내가 안다고 생각하는 것을 어떻게 아는 거지?'라고 질문하는 습관을 통해 더 나은 판단에 도달할 수 있다.

마인드 콘트롤 훈련

탐정들이 극복해야 하는 또 하나의 인지적 장애는 정보 과부하다. 복잡한 사건일수록 조사해야 할 정보의 양은 기하급수적으로 늘어난다. 관련 인물의 진술, CCTV 영상, 전화 기록, 이메일, GPS 정보 등 모든 것이 퍼즐 조각처럼 흩어져 있다. 이 모든 것을 한꺼번에 다루려 할 경우 오히려 핵심적인 정보가 흐려지고 사고력이 떨어지기 쉽다. 이를 해결하기 위해 우선순위를 정하고 정보 분석을 단계화한다. 가장 중요한 쟁점부터 분석하고, 사건을 몇 개의 소단위로 나누어 각각 독립적으로 검토한 후 다시 이를 통합해 전체 그림을 완성하는 방식이다. 이 과정에서 탐정은 적절한 휴식과 집중 시간 조절을 병행하여 자신의 인지적 에너지를 관리한다.

탐정은 자신의 감정과의 싸움을 피할 수 없다. 사건을 접하다 보면 피해자의 처절한 진술이나 충격적인 현장 상황, 때로는 개인적인 과거 경험이 개입되어 냉정한 판단을 흐릴 수 있다. 이를 방지하기 위해 자신을 제3자의 위치에서 객관화하는 훈련을 한다. 감정을 배제하고, 사건을 분석 대상으로 바라보는 시선을 유지하며, 자신이 내리는 판단에 감정이 개입되고 있는지 점검한다. 이와 함께 사건의 본질에 다가가기 위해 심층적인 질문을 던진다. '왜 이 사람이 그렇게 행동했을까?', '정말 이 진술은 진실을 반영하고 있을까?'와 같은 질문은 사고의 깊이를 더하고 감정이 아닌 논리에 기반한 분석을 가능하게 만든다.

끊임없이 질문을 던지는 것은 탐정적 접근의 기본이다. 이는 정보에 대한 수동적인 모드에서 의식적이고 능동적인 모드로 전환하게 만든다. 적절한 질문을 던지기 위해 기본이 되는 것은 평점심이다. 탐정에게 평정심은 필수다. 사건 조사 과정 전체를 평정심으로 관통할 수 있어야 하는데, 이를 위해 마인드 컨트롤 훈련을 한다. 다른 용어로 '마인드풀니스Mindfulness 훈련'이라고도 한다. 일종의 명상과 자신에 대한 감정 조절 훈련이다. 업무에 몰입하다 보면 자신의 심리적 상황이나 감정에 대해서 제대로 인지하지 못할 수 있다. 종종 분노나 화가 나는 상황과 부딪치곤 하는데 감정을 통제하지 못하면 전체 과정을 그르칠 수 있다.

일본 탐정들을 관찰하다 인상적인 부분이 있었다. 하루 동안 자신이 진행한 조사와 일상적인 내용들을 기록하면서 특히 감정 조절에 실패한 경우에 대해 반성하고 보완할 점을 적는 것이다. 이는 실제로 자신의 심리적, 정서적, 감정적 결점을 보완하는 데 도움이 된다. 감정은 힘이 세다. 인간 뇌의 경우 정서의 뇌가 이성의 뇌보다 많은 네트워크를 갖추고 인지, 기억, 동기 등을 강하게 끌어당긴다. 이성적인 판단조차 감정의 지향 없이는 불가능하다. 현대 심리학에서는 감정과 이성을 서로 분리된 것이 아닌, 상호 유기적으로 연계된 하나의 시스템으로 이해하기도 한다.

일본 탐정들이 자신의 감정 조절에 각별히 유념하는 이유도 이것 때문이다. 거울로 자신의 얼굴을 바라보며 점검하는 것처럼 글은 마음을 비추는 일종의 거울이다. 자신의 감정을 글로 적는 것은 마음을 바라보고 살필 수 있는 좋은 훈련법이다.

사건 재구성 훈련

사고 훈련의 마지막은 '사건 재구성 훈련'이다. 실제 사건의 시간 흐름과 인과관계를 최대한 정확하게 복원하는 연습을 하는 것이다. 현장의 지형, 인물의 동선, 시간대별 행동 기록 등을 통해 그날의 상황을 머릿속에 '재생'하듯 정리한다. 이를 통해 사건 속의 누락된 정보나 모순되는 진술을 파악할 수 있으며, 실제 상황과 상상 속 해석 사이의 간극을 줄일 수 있다. 특히 눈에 보이는 증거가 부족한 사건에서는 이런 재구성 훈련이 탐정의 상상력과 논리를 동시에 점검하는 중요한 과정이다.

인간의 기억은 결코 완전하지 않다. 정보의 일부가 사라지거나 다른 정보와 뒤섞이거나 잘못된 방식으로 기억될 수 있다. 이를 방지하기 위해 탐정은 철저한 기록 습관을 유지한다. 단순한 메모를 넘어, 조사 과정 전반을 체계적으로 문서화하고 음성 녹음, 사진, 영상 등 다양한 매체를 활용해 정보를 보관한다. 또한 타임라인, 도식도, 마인드맵 같은 시각적 정리 도구를 적극 활용하여 사건의 흐름을 구조화하고 자신이 수집한 정보 간의 연관성을 명확히 파악한다. 이는 기억에 의존하기보다는 자료를 기반으로 판단할 수 있게 해준다.

인간의 인지 장애는 개인의 능력만으로 극복하는 데 한계가 있다. 유능한 탐정은 협업과 집단 지성의 힘을 적극적으로 활용한다. 복잡한 사건일수록 단독으로 해결하기보다는 팀 단위로 접근하며, 다양한 시각과 전문성을 가진 동료들과의 브레인스토밍, 피드백 공유, 역할 분담을 통해 보다 넓은 시야로 사건을 분석한다. 서로 다른 분야의 관점이 결합하면 개인이 미처 보지 못했던 사각지대가 드러나고 판단의 오류를 조기에 발견할 수 있다. 이는 단지 효율성의 문제를 넘어, 판단의 질을 높이는 핵심 전략이다.

탐정의 사고는 단순한 분석이 아니다. 사건의 흐름을 복원하고, 가능성을 상상하며, 실험적인 사고를 적용한다. 사건 당시의 상황을 가상으로 재현하고, 인물의 동기를 상상하며, 다양한 시나리오를 시뮬레이션하는 인지 활동이다. 디지털 도구를 활용해 시간의 흐름, 위치의 변화, 행동의 동선을 재구성하고 가장 타당한 결론에 도달하려는 시도는 탐정이 단지 '수집자'가 아니라 현실을 이해하는 '창조자'임을 보여준다.

결국 탐정의 조사는 인간의 인지적 한계를 인식하고 그것을 극복하기 위한 지속적인 자기 훈련의 결과물이다. 그들은 완벽하지 않은 기억, 편향된 판단, 감정적 흔들림, 정보의 과잉 속에서 끊임없이 사고를 정제해나간다. 이 과정은 단지 사건을 해결하기 위한 도구가 아니라 세상을 바라보는 태도이며, 복잡한 현실 속에서 진실을 찾기 위한 철학적 자세이기도 하다.

우리는 모두 정보의 수용자이자 판단자이며, 복잡한 상황에서 결정을 내려야 하는 존재다. 확증 편향을 피하려는 노력, 기록과 구조화의 습관, 감정의 객관화, 협업에 대한 개방성, 스트레스 관리와 자기 성찰의 반복. 이 모든 요소는 우리 일상에서도 충분히 활용될 수 있는 삶의 기술이다. 탐정처럼 사고한다는 것은 더 나은 선택과 판단을 하기 위함이다.

이런 사고 훈련은 인간이라는 존재의 복잡성과 사건의 다면성을 이해하고 수용하는 사람이 되기 위한 과정이다. 탐정은 사건을 해결하기 위해 무엇보다 사람을 이해하는 데 집중한다. 사람의 동기와 욕망을 이해하고, 진술의 이면을 읽어내며, 인간 심리의 미세한 흔들림 속에서 진실을 찾아내려 노력한다. 그 시작은 언제나 '나 자신'으로부터 출발한다. 나의 시선이 제대로 정렬되어 있는가, 내가 본다고 믿는 것이 과연 사실인가, 내가 세운 가설이 혹시 진실을 가로막고 있지는 않은가. 이런 질문을 끊임없이 던지는 것이 바로 탐정이라는 직업이 가진 깊이이며, 그들이 진실에 다가가는 방식이다.

탐정의 사고 훈련은 기술이 아니라 태도다. 세상을 대하는 방식이며, 사람을 이해하려는 끈기이며, 무엇보다도 진실에 대한 예의를 갖추는 일이다. 단순한 직업을 넘어서, 사람과 사람 사이의 오해를 풀고 억울함을 바로잡는 '사회적 조율자'로서 탐정이 존재할 수 있는 이유는 바로 이 꾸준한 사고 훈련과 성찰이 그들의 내면에 뿌리내리고 있기 때문이다.

문제를 해결하기 위해
문제를 구조화한다

"어머니가 아침에 산책 나가신 뒤로 연락이 되지 않습니다. 핸드폰도 꺼져 있고, CCTV엔 아파트 단지를 나가는 모습까지가 마지막입니다."

고령자 실종은 단순히 '길을 잃은 문제'로만 볼 수 없다. 치매나 우울증, 약물 복용 오류, 심리적 불안, 외부 자극에 대한 반응성 등 복합적인 요인과 관련되어 있다. 특히 기억력 저하가 있는 상태에서 이사나 상실, 계절의 변화 등을 경험한 경우 무의식적으로 과거의 장소나 인연을 찾아 떠나는 경향이 강하다. 고령자 실종에는 단지 행방만 추적하는 것이 아니라 실종자 삶의 흔적과 감정의 선을 복원하는 조사 과정이 필요하다.

탐정은 실종자의 평소 생활 반경, 관계망, 과거에 자주 언급하던 장소, 최근의 정서 변화, 약 복용 기록 등을 파악한 뒤, 도보 이동 가능 반경과 대중교통 이용 가능성, 주변 CCTV 노선, 교회·병원·경로당 등의 동선을 추적하여 실종자의 '가능 이동 경로'를 역산해낸다. 또한 가족이 간과할 수 있는 실종자의 기억 속 장소, 예를 들면 고향 집, 예전 직장, 묘지 등을 주목하고 실종자의 심리 상태를 분석하여 행동을 예측한다.

공권력은 통상 실종 48시간 이후에야 수사를 본격화하는데, 이 '골든타임' 동안 탐정의 선제적 수색이 결정적인 역할을 하기도 한다. 특히 CCTV 사각지대나 개인 소유 건물의 출입 기록, 현장 방문을 통한 주민 탐문, 실종자의 SNS나 통화 기록의 비공식 분석, 동선 재현과 현장 기반 추적 조사는 경찰이나 가족이 즉시 접근하기 어려운 지점을 집중 공략한다.

탐정의 조사는 문제 해결 지향적이다. 조사의 목적은 질문에 대한 답을 찾는 것이다. 탐정이 다루는 문제는 언제나 복잡하고 모호하며, 그 속에는 누군가의 감정과 기억, 상처와 거짓이 얽혀 있다. 그런 상황에서 탐정이 취할 수 있는 첫 번째 행동은 무엇일까? 바로 정보를 수집하는 것이다. 정보 수집은 다양한 관찰을 통해 의미 있는 데이터를 추출하고, 이를 논리적으로 연결하는 창의적 행위다. 탐정의 정보 수집은 문제 해결을 향한 과학적이며 상상력이 요구되는 과정이다.

정보 수집은 종종 매우 정밀한 기술을 동반한다. DNA

분석, 지문 채취, 법의학적 문서 감정, 컴퓨터 데이터 포렌식, 고속 및 저조도 촬영 장비, 소리 및 영상 분석 기술 등은 탐정의 중요한 도구다. 이런 과학 기술들은 탐정의 조사를 물리적으로 가능하게 도와주지만 기술만으로는 진실에 도달할 수 없다. 아무리 정교한 장비를 활용하더라도 그것을 해석하는 탐정의 관찰력, 사고력, 직관, 회의적 태도, 그리고 무엇보다도 끈기가 없다면 단서는 여전히 미궁 속에 머무를 수밖에 없다.

탐정의 조사 과정은 보이지 않는 실마리를 따라 상상하고, 가설을 세우고, 검증하며 사건을 하나의 이야기로 재편하는 논리적 행위다. 이러한 조사 능력의 핵심에는 탐정 특유의 사고방식이 자리 잡고 있다. 그것은 복잡한 문제 앞에서 효과적으로 대응하기 위한 합리적이고 체계적인 사고의 틀이며, 일반인도 다양한 삶의 영역에 적용할 수 있는 보편적인 문제 해결 전략이다.

탐정이 일하는 방식

탐정의 사고방식에서 빼놓을 수 없는 것은 과학적이고 체계적인 접근법이다. 가설을 세우고, 그것을 증거로 검증하며, 논리적인 흐름으로 하나의 결론에 도달한다. 이는 과학적 탐구 방법론과 일치하는 구조로서 문제 해결에 효과적이다. 일반인도 복잡한 문제를 해결할 때 무작정 해결책부터 찾기보다는 문제를 구조화하고 단계별로 분석하며 접근하는 것이 보다 효율적이고 명확한 결과를 도출해준다. 합리적인 가설 설정과 그에 따른 조사와 비교 검증을 통해 결론을 도출하는 것, 이것이 탐정이 일하는 방식이다. 사건에 대한 조사를 시작하기 전에 어떤 방향으로 일이 진행될 것인지를 예상한 뒤 그에 따라서 조사하고 데이터를 수집하고 비교하여 답을 찾아간다.

반려 고양이가 갑자기 실종되었다면 반려동물 전문 탐정은 고양이의 습성을 기반으로 먼저 가설을 세운다. 대부분의 고양이는 자발적인 가출로 인해 사라지는 경우보다는 집 안 또는 집 근처의 은폐된 공간에 잘못 들어갔다가 갇혀서 못 나오는 사례가 압도적으로 많다. 탐정은 고양이의 행동 패턴에 따라 집 안을 먼저 수색한 후 집 근처에 고양이가 숨거나 또는 갇혀 있을 만한 공간을 체계적으로 수색한다.

회사에서 기밀이 계속 유출되는 상황이라면 우선 회사 내부인에 의한 것인지 외부인의 소행인지 추정하는 작업이 먼저다. 보안 담당 직원과 인터뷰를 하고, 유출된 기밀로 인해 이익을 보는 다른 기업이나 조직을 특정해나가면서 가설의 윤곽을 잡는다. 내부자의 소행으로 추정되면 기밀에 접근 가능한 내부자가 누가 있는지 파악하고 이 가운데 가장 가능성이 높은 인물들을 추려낸다. 연구 인력에 의해 기밀이 유출되었을 가능성, 기밀을 관리하는 직원 또는 임원에 의해 유출되었을 가능성, 라이벌 기업에 의해 매수당한 직원이 유출했을 가능성, 그리고 해당 기업이 악의적 목적에 의해 고의적, 자발적으로 기밀을 유출하고 이를 피해당한 것처럼 위장했을 가능성까지 짚검한다.

　　탐정은 기존의 틀을 넘어서 문제를 바라본다. 언제나 '혹시 다른 가능성은 없을까?'라고 묻는다. 이런 태도는 고정관념에 얽매이지 않고, 새롭게 문제를 재구성하며, 해결책을 찾아내기 위해서다.

　　일반적인 직장이나 일상생활에서도 우리는 종종 "항상 이렇게 해왔으니까"라는 말에 익숙해져 있다. 탐정처럼 사고한다는 것은 낯선 길이라도 그 길의 가능성을 탐색하고, 기존 방식이 통하지 않을 때 새로운 접근을 시도해보는 용기를 갖는 것을 의미한다. 끈질기고 집요한 태도는 탐정 정신의 정수다. 복잡한 사건일수록 더 많은 장애물과 거짓 정보, 엇갈린 증언이 존재한다. 진실은 반드시 어딘가에 존재한다는 믿음 아래 한 발 한 발 문제의 범위를 좁혀나간다.

　　탐정은 극단적 인내력이 요구되는 직업이다. 단순한 인내력의 수준을 넘어서서, 생물학적 본능까지 포기할 수 있을 정도의 인내력을 의미한다. 탐정 업무는 때로 생물학적 욕구를 무시하고 극한 상황에서도 견뎌야 하는 경우가 많기 때문이다. 군의 특수부대가 받는 극기 훈련 중 배고픔을 견디는 능력 같은 것도 필요하다. 집중력을 유지하고 인내력을 발휘하여 업무에 매진할 수 있어야 한다. 인내력은 개인이 개발할 수도 있고, 타고난 천부적인 특성일 수도 있다. 모든 순간에 치밀해야 하기 때문에 5~6년 차 탐정들은 성격이 상당히 정적으로 변해 있다. 급할수록 치밀함이 떨어지기 때문이다.

    탐정의 조사는 단순히 정보 수집에 그치지 않는다. 그는 수집한 정보를 구성하고, 분석하고, 다시 그것을 세상에 이해시킬 수 있는 방식으로 정리해야 한다. 탐정이 해결해야 하는 사건의 대부분은 단지 '무엇이 일어났는가?'를 밝히는 데 그치지 않는다. 그 사건이 왜 발생했고, 누가 관련되어 있으며, 어떻게 전개되었는지를 설명할 수 있어야 한다. 이를 위해서는 관찰의 힘을 활용한 창의적 재구성이 필요하다.

    우리는 모두 각자의 분야에서 탐정이 되어야 할 순간들을 마주한다. 업무상 의사결정, 인간관계의 갈등, 개인의 진로와 선택의 문제까지, 그 어느 것에서도 탐정의 사고방식이 낯설 필요는 없다. 탐정처럼 사고한다는 것은 복잡한 시대를 살아가는 합리적인 생존법이며, 동시에 더 나은 선택을 향한 성찰의 자세다. 우리가 정보를 더 정밀하게 보고 비판적으로 분석하고 창의적으로 대응하며, 문제를 끈질기게 파고들 수 있다면 우리 삶의 수많은 미궁에도 조금씩 길이 열릴 것이다. 탐정의 길은 어쩌면 진실을 향한 모든 인간의 태도 그 자체인지도 모른다.

관찰은 '잘 보는 것'이 아니라 '의미 있게 보는 것'이다

　탐정의 가장 강력한 무기는 무엇일까? 최신 장비나 법의학 기술, 혹은 숨은 진실을 간파하는 직감을 떠올릴지 모른다. 그러나 탐정의 진정한 핵심 무기는 관찰력이다. 보이는 것 너머의 의미를 읽어내는 훈련된 관찰력 말이다. 사건의 단서를 포착하고 진실에 도달하기 위한 첫걸음은 언제나 관찰에서 시작된다.

　관찰력은 타고나는 재능이 아니다. 의식적인 훈련을 통해 익혀야 하는 기술이다. 훈련되지 않은 눈은 사건 현장에서 중요 단서를 놓친다. 훈련된 관찰력은 정적 속의 미세한 움직임, 말보다 많은 정보를 담고 있는 침묵, 문 앞에 남겨진 먼지 한 줌에서도 이야기를 읽어낸다. 이러한 능력은 반복되는 경험과 체계적인 사고 훈련 속에서 다듬어진다.

　탐정이 관찰력을 기르기 위해 가장 먼저 배우는 것은

주변 환경을 세밀하게 인지하는 습관이다. 무심히 지나치는 일상적 장면 속에서도 특정한 패턴이나 변화, 이상 징후를 포착하기 위해서다. 사건 현장에서 이 능력은 더욱 중요해진다. 사람들의 움직임, 물건의 위치, 방 안의 온도, 냄새, 조명의 색감, 벽에 남겨진 자국, 현장 바닥의 물기와 먼지를 포함한 모든 것이 사건과 연결될 수 있는 단서다. 탐정은 단순히 눈앞의 사물이나 상황을 인식하는 데 그치지 않고, 그것이 왜 그 자리에 있고 이전과 무엇이 달라졌는지를 즉각적으로 인지하려 한다.

효과적인 관찰을 위해서는 관찰의 우선순위를 정하는 법도 알아야 한다. 현실의 사건 현장은 언제나 정보가 넘치고 시간은 한정되어 있다. 따라서 사건의 성격에 따라 어떤 요소에 먼저 주의를 기울여야 하는지를 빠르게 판단한다. 절도 사건에서는 출입구의 흔적, 도난 물품의 위치, 주변 CCTV의 방향을 먼저 확인할 것이고, 폭력 사건이라면 피해자의 신체 상태나 현장에 남겨진 혈흔, 파손된 물건의 배치를 중점적으로 관찰할 것이다. 관찰 대상에 대한 전략적 선택은 시간과 정보라는 자원을 효율적으로 활용하는 탐정의 능력이다.

관찰력의 중요한 요소는 객관성을 유지하는 것이다. 인간은 누구나 자신의 감정, 선입견, 기억에 의해 현실을 재구성하는 경향이 있다. 탐정도 예외는 아니다. 그래서 훈련된 탐정은 언제나 사실과 해석을 구분하여 기록한다. "그는 당황한 것처럼 보였다"가 아니라 "그는 손을 덜덜 떨며 말을 더듬었다"고 기록한다. "현장은 엉망이었다"라는 표현 대신 "책상 위 서류가 어지럽게 흩어져 있었고, 서랍은 열려 있었으며, 컵이 바닥에 깨져 있었다"라고 기술한다. 전자는 일반인들이 흔히 쓰는 문장이다. 작성하는 사람의 주관적인 판단과 감정이 개입된 문장이다. 후자처럼 기록되어야 법정 증거나 분석 자료로 활용될 때 신뢰성을 높이고 해석상의 오류를 줄인다. 탐정의 이런 객관적인 기록 습관은 필수적이다.

진실은 디테일에 숨어 있다

탐정이 관찰력 훈련에서 강조하는 요소는 세부 사항에 주목하는 능력이다. 디테일은 진실로 가는 가장 가까운 길이다. 무심코 지나치기 쉬운 작은 물건의 위치, 방문 앞에 떨어진 먼지의 흐름, 카펫이 한쪽만 들려 있는 이유… 이런 사소한 요소들이 전체 사건의 방향을 바꾸기도 한다. 이를 위해 탐정은 시각뿐만 아니라 청각, 후각, 촉각 등 모든 감각을 동원한다. 사건 현장에서 느껴지는 타는 듯한 냄새, 창문 밖에서 들리는 반복적 소리, 현장 바닥의 진동 감각 등은 직접적 증거 이상의 의미를 지닌다.

관찰은 단지 단편적인 정보의 축적이 아니다. 패턴을 읽어내고 흐름을 재구성하는 작업이다. 훈련된 탐정은 현장에서 사람들의 동선, 피해자의 평소 생활 습관, 범인의 이동 경로 등을 분석해 사건의 인과관계를 유추한다. 이 과정에서 탐정은 단순한 '관찰자'가 아니라 행동을 분석하고 예측하는 전략가가 된다.

이와 관련하여 중요한 관찰 훈련 중 하나는 추적 관찰의 기술이다. 그 사람이 남긴 물리적·디지털 흔적을 통해 다음 행동을 예측하는 능력이다. 대상이 특정 시간에 자주 이용하는 경로, 교통수단, 통화 기록, 위치 기반 정보, 구매 내역 등을 통해 행동 패턴을 추론하는 기술이다. 이 과정에는 디지털 포렌식 기법이나 감시 시스템 분석 기술이 병행되기도 하지만 그보다 더 중요한 것은 정보 간의 연결을 추론하는 통찰력이다.

탐정은 수집된 관찰 정보를 통합적으로 이해하는 훈련을 한다. 시각 정보에만 의존해서는 전체를 볼 수 없다. 냄새, 온도, 소리, 감촉 등 모든 것이 사건의 맥락을 구성하는 퍼즐 조각이다. 창문이 닫혀 있음에도 방 안에서 연탄 냄새가 났다면 외부 유입이 아닌 내부 연소의 흔적일 수 있고, 고요한 정적 속에서 들려오는 규칙적인 진동은 누군가의 특정 행동 패턴일 수 있다. 탐정은 이런 감각 정보들을 단편적으로 받아들이지 않고 상호 연결된 하나의 이야기로 묶어낸다.

마지막으로, 관찰 훈련에서 가장 중요한 마무리는 기록의 체계화와 분석을 통한 활용이다. 현장에서 얻은 모든 관찰은 반드시 시간 순으로 기록·정리되며, 연관성에 따라

분류되어야 한다. 사건의 재구성은 이 데이터들을 어떻게 배열하고, 어떤 시각으로 해석하느냐에 따라 전혀 다른 결론을 이끌어낼 수 있다. 탐정은 이 정보를 바탕으로 사건의 흐름도를 만들고, 진술과 물리적 증거 사이의 불일치를 찾아내며, 하나의 사건을 종합적이고 입체적으로 이해한다.

결론적으로, 탐정의 관찰력은 단순히 '잘 보는' 능력이 아니다. 그것은 무엇을, 어떻게, 왜 봐야 하는지를 아는 통찰력이며, 그 속에서 의미를 찾아내는 분석력이다. 이는 단순한 감각의 민감함이 아니라 끊임없는 훈련과 성찰을 통해 만들어지는 것이다. 이러한 훈련을 통해 탐정은 사건의 표면을 넘어, 진실의 본질에 닿을 수 있게 된다. 탐정의 관찰력은 디테일에 집중한다. 매우 사소해 보이는 한 문장, 한 움직임, 한 장면 속에서 사건 전체의 흐름을 바꾸는 단서를 찾아낸다. 관찰은 단순히 '보는 것'이 아니다. '의미 있게 보는 것'이며, 거기서 문제 해결의 실마리를 읽어내는 능력이다.

이 관찰 훈련은 일반인에게도 유용한 교훈을 제공한다. 우리는 종종 바쁜 일상 속에서 주변을 놓치고, 상대의 말보다 더 많은 말을 하는 표정과 행동을 간과하며, 중요한 신호를 지나쳐버린다. 탐정처럼 세심하게 보고 기록하고 분석하는 습관을 갖는다면 삶의 많은 문제는 더 일찍, 더 정확하게 해결될 수 있다.

중요한 결정을 내릴 때, 인간관계의 실마리를 풀 때,

업무에서 오류를 줄일 때 탐정의 관찰법은 누구에게나 실질적인 도움을 줄 수 있다. 진실은 언제나 디테일에 숨어 있다. 세부 사항에 집중하고 그것이 어떤 맥락을 형성하고 있는지를 파악하는 탐정처럼 세상을 바라보는 것은 삶을 더 깊이 이해하고, 사람을 더 정확히 파악하며, 나 자신을 더 정직하게 마주하는 길이기도 하다.

미래를 예측하는 것은 추리력이다

 보통 탐정 하면 '추리력'을 떠올릴 것이다. 우리가 흔히 문학작품이나 영화에서 보는 탐정의 추리력은 실제 탐정 업무의 본질과는 차이가 있다. 탐정 업무의 본질은 사실을 조사하고 검증하는 것이다. 탐정 분야에서는 이를 흔히 '팩트 체크'라고 부른다. 팩트 체크는 특정 사건에서 진위를 가리거나 사실 관계를 확인하는 과정이다. 탐정 업무의 핵심이자 출발점이다.

 추리는 팩트 체크를 위한 하나의 수단일 수 있지만 추리만으로 팩트를 단정하는 것은 바람직하지 않다. 추리가 정확성을 가지기 위해서는 객관적인 데이터와 과학적인 분석이 뒷받침되어야 한다. 탐정의 추리력은 현장에서 수집한 데이터를 분석하고, 이를 바탕으로 사건의 방향성을 예측하는 능력을 의미한다.

 추리소설 작품에서 묘사되는 추리력은 종종 천재적인

직감이나 갑작스러운 깨달음으로 표현되곤 한다. 실제 탐정 업무에서의 추리는 이와 다르다. 추리소설의 주인공 탐정들은 거의 천재적이면서도 동물적인 추리 감각을 가지고 있지만 현실의 탐정들은 천재가 아닌 일반인의 재능만을 가지고 있다. 수집하거나 확보한 관련 데이터를 바탕으로 체계적인 분석과 논리적 사고를 통해 사건을 풀어간다. 탐정의 추리력은 모든 가능성을 열어둔 상태에서 사실과 가설 사이에서 균형을 유지하며 합리적인 결론을 도출하는 능력이다.

추리력을 발휘하는 과정에서 주의해야 할 부분이 있다. 신중함과 정밀함이다. 신중함과 정밀함이 서로 무슨 관련이 있을까? 신중하게 추리를 진행하면 정밀한 추리가 가능하다. 반대로 정밀한 추리는 신중하게 결과를 추리할 수 있는 밑바탕이 된다. 신중함과 정밀함이 빠진 상태에서 탐정 본인의 육감과 본능만으로 추리를 진행한다면 조사 과정 전체를 망치는 결과를 초래할 수 있다. 직감은 선입견이나 경험에서 나오는 관성이 축적된 것이다. 직감에만 의존하면 신중함과 정밀함을 무시하거나 놓칠 수 있다.

이런 측면에서 초보 탐정들이 오히려 객관적이고 정확한 결과를 얻어내는 경우가 많다. 조사 과정이 매끄럽게 진행되지 않을 수는 있지만 자신의 생각을 조사 과정에 덜 투영하기 때문이다. 베테랑 탐정들은 그동안 현장에서 고생하여 얻은 다수의 임상적 경험이 있기 때문에 사건 조사를 쉽게 진행할 수 있다. 하지만 많은 경험은 사건을 예단豫斷하거나 선입견을 기반으로 내용을 분석함으로써 오류를 초래할 위험이 높다.

산업이 고도로 발전한 국가일수록 산업 스파이 활동이 활발하다. 수사기관에서 산업기술 유출에 대한 전방위적인 수사를 진행하고 있지만 피해 규모와 피해 건수의 증가 추세를 제대로 통제하지 못하고 있는 실정이다. 탐정 업계가 산업기술 유출 및 산업 스파이 대응에 적극적인 것도 이와 같은 상황 때문이다. 기술을 개발하는 기업 입장에서는 사후 수습보다는 사전에 차단하는 것이 효과적이고 경제적이기 때문에 산업기술 유출을 전문적으로 예방하는 탐정을 찾는다.

탐정 두 팀이 붙은 사건이 있었다. 첫 번째 팀은 실패했고 두 번째 팀은 성공했다. 대기업의 연구실장이었던 산업 스파이를 추적하는 사건이었다. 이 연구실장은 새로 개발한 기술을 중국 업체에 넘기려고, 중국으로 골프 여행을 갔다. 첫 번째 탐정팀은 중국으로 건너가 연구실장을 직접 따라다니며 관찰했다. 연구실장이라는 사람은 5일 동안 내내 골프만 치고 아무런 행동도 하지 않았다. 탐정들은 어떤 정황증거나 이상 기미도 포착하지 못했다. 첫 번째 탐정팀의 부족한 추리력을 보여주는 사례다.

6개월 후 두 번째 팀이 투입되었다. 이 팀은 중국 탐정과 협력하는 전략을 짰다. 중국에도 탐정이 자격 면허를 가지고 있으며, 탐정 협업이 가능하다. 현지 사정을 잘 아는 중국 탐정이 현장에서 지휘를 하고, 한국 탐정들은 뒤에서 증거를 수집했다. 결국 경쟁 업체와 만나는 장면을 포착하여 촬영하는 등 결정적인 증거를 확보하여 사건을 해결했다.

사건의 예상 시나리오를 짜고 상황에 맞는 전략을 세우는 것이 탐정의 추리력이다. 어떤 상황으로 전개될지 시뮬레이션해보고 시나리오를 구상하는 것은 디테일한 현장 감각이 없다면 제대로 하기 힘든 일이다. 기술 유출 사건이나 산업 스파이 사건을 조사하는 탐정들은 조사 대상자의 평소 동선에 대해서 사전에 시뮬레이션을 한다. 두 번째 탐정팀이 중국 탐정과 협업한 이유가 이것 때문이다. 또한 두 번째 팀이 중국 탐정들로 하여금 현장을 추적하게 한 것은 탐정의 기본을 간과하지 않은 신중함이다.

필드 탐정의 중요한 자질 중 외모에 대한 것이 있다. '평범함과 보편성'이다. 전 세계 탐정학 교과서에 공통으로 나오는 것으로 영어로는 'normally'라고 하는데 이는 기본 중에 기본이다. 관찰을 잘하려면 관찰 대상이 되어선 안 된다. 평범함은 해당 문화 속에서의 평범함이다. 국경을 넘는 순간 평범함은 사라진다. 보통 다문화 밀집 지역에는 해당 지역 출신의 탐정을 투입한다. 말레이시아 사람들 사이에는 말레이시아 출신 탐정을, 태국 사람들 사이에는 태국 출신 탐정을 투입한다. 한국인이 다문화 지역에 가면 바로 외국인이라는 것이 표시나기 때문이다. 한 나라의 국가성은 총체적으로 한 개인의 외모에 녹아 있다.

　　최근 여성 탐정들이 늘고 있다. 탐정 10명 중 한 명은 여성일 정도로 다양한 배경을 가진 여성 탐정이 활동하고 있다. 여성 탐정이 많아지는 이유 중 하나는 의심을 받지 않기 때문이다. 특히 미행이나 추적 같은 업무를 수행할 때 탐정은 남성일 거라는 선입견 때문에 여성 탐정은 더 유리할 수 있고 다양한 상황에 녹아드는 것이 가능하다. 무엇보다 의뢰인의 상황을 공감하고 이해하는 능력이 뛰어나다. 전문적인 전공을 통해 탐정이 된 경우도 있지만 개인적인 경험을 통해 탐정이 된 경우도 많다. 불륜이나 스토킹, 사기 등의 피해를 당했던 경험을 가진 여성 탐정들은 피해자의 상황을 잘 이해하고 사건 진행과 관련한 추리력이 뛰어난 경우가 많다. 이때 추리력은 단순 경험과 구분되는 '암묵지暗默知'에 가깝다. 암묵지는 어떤 문제에 대해 학습과 경험을 통하여 개인에게 체화되어 있지만 말이나 글 등의 형식으로 표현되지 않는 지식이다.

　　실제로 해외에서 범죄 도피자를 추적하는 과정에서 탐정이 겪은 사례다. 탐정이 동남아시아에서 도피자를 잡으려 호텔에 머물고 있는데 갑자기 현지 경찰이 들이닥쳤다. 경찰이 탐정에게 물었다. "너 ○○ 찾으러 왔지?" 탐정이 그렇다고 하자 경찰은 탐정을 체포하며 이렇게 말했다. "네가 그를 자꾸 찾으면 우리가 너를 구속할 수밖에 없어. 네가 여기 경찰도 아닌데, 경찰처럼 행동하고 있잖아. 이건 월권

행위야."

그 탐정은 일단 귀국했다. 그리고 전략을 바꿔 다시 출국했다. 그 지역에서 활동하는 유지들, 특히 한인회를 통해 다시 접근했다. 한인회와 접촉하자 뜻밖에 이런 말을 들을 수 있었다. "그 사람을 잡으려면 우리를 통해서 그가 나쁜 사람이라는 것을 경찰에게 설득해야 하고 또한 그에 대한 대가도 줘야 하는데 그럴 수 있느냐?" 이 말인즉 도피자가 현지 경찰에게 내는 보호비보다 더 많은 금액을 낼 수 있느냐는 것이었다. 현지 경찰의 급여가 적기 때문에 나오는 요구다.

탐정은 그 지역 변호사들을 통해 법률비를 지급하고 경찰과 협상하여 도피자를 비행기에 태우는 방법을 도모했다. 도피자가 수배 상태였기 때문에 비행기 탑승 직전에 체포할 수 있었다.

해외로 도피한 범죄자를 찾아내고 송환하는 이런 국제 탐정들은 각 나라의 문화와 사회에 대한 경험과 지식을 토대로 전략을 찾는다. 이와 달리 국내에서 도피자를 찾는 것은 상대적으로 쉽다. 한국에서는 현금만으로 생활하기가 어렵다. 생활 흔적이 금융 흔적으로 남게 되어 금방 도피자를 찾아내 경찰에 넘긴다.

이것이 탐정의 추리력이다. 도피한 이들을 추적하는 것과 함께 도피 자산의 추적 활동 또한 탐정의 중요한 업무 중 하나다. 최근에는 이 도피 자산 추적에 어려움이 생기고 있다. 가상화폐라는 새로운 형태의 자산이 등장했기 때문이다. 10년 전만 해도 도난·분실·도피 자산의 추적은 상대적으로 쉬웠으나 이제는 가상화폐로 인해 한계에 부딪히는 경우가 많다. 추적을 의뢰한 이에게 "벽에 막혔다"라고 말할 수밖에 없는 상황이 생긴다.

특히 비트코인, 이더리움과 같은 가상화폐가 전 세계적으로 사용되면서 이를 추적하는 것은 매우 어려워졌다. 가상화폐의 지갑은 누구에게 있는지 알 수 없기 때문에 추적하기 어렵다. 이 경우 중요한 것은 도피자가 들고 다니는 핸드폰이다. 이 핸드폰에 가상화폐 지갑이 들어 있을 가능성이 크다. 그래서 탐정이 도피자를 발견하면 핸드폰을 압수해달라고 경찰에 협조 요청을 한다. 코인 지갑을 확보하여 가상화폐의 이동 내역을 확인하기 위함이다. 도피자가 핸드폰을 던져버리거나 고장 내면 그 지갑은 찾을 수 없게 된다. 가상화폐 지갑은 대개 한 대의 핸드폰에만 저장되기 때문에 이를 복제하려면 상당한 비용과 노력이 필요하다.

보통 도피 자산은 차명으로 숨겨진 경우도 많다. 도피자가 자신의 친척이나 지인 명의로 부동산을 구입해놓는 경우가 그렇다. 법원에서 재산 목록을 제공하더라도 본인 명의로 재산을 등록하지 않았다면 이를 추적하기 어려워진다. 탐정은 이러한 차명 자산을 찾아내기 위해 미행, 추적, 탐문 등의 방법을 사용한다. 특히 도난과 분실 자산 추적의 경우에는 민사적인 전문 지식을 갖추고 있는 탐정들이 활동한다. 실제로 아무런 민사적 조치를 취할 수 없는 자산을 추적하는 것은 아무런 의미가 없기 때문이다. 숨겨진 자산을 발견하고 그 자산이 법적으로 압류 가능하거나 소송을 통해 돌려받을 수 있는지 판단한다.

      탐정은 민사적인 조치를 고려하며 현장에서 즉각적으로 판단할 수 있어야 하고, 필요시 변호사와 협력하여 소송을 준비해야 한다. 단순한 추적 기술 이상의 법적 지식이 있어야 하는 것이다. 이와 관련된 업무를 탐정이 수행하기 위해서는 그 문제에 대한 다양한 경험과 전문 지식을 갖춰야 한다. 그동안 탐정 교육을 통해 내가 만난 수많은 탐정 중 오랫동안 탐정을 해온 분들이 공통적으로 하는 말은 자신의 다양한 경험과 지식이 탐정업에 도움이 됐다는 것이다. 그들은 몸으로 체득한 암묵지가 많은 것이다.

아무 일도 일어나지 않는다면
예방된 것이다

    2009년 강호순 사건을 마지막으로 한국에서는 연쇄살인범이 활보하지 않는 것으로 보인다. 한국 사회에 충격을 던졌던 연쇄살인범 정두영, 유영철, 정남규, 강호순은 모두 2010년 이전에 검거되었다. 2010년부터 한국에서 연쇄살인범은 나오지 않고 있다. 이유가 뭘까? 살인범이 연쇄살인범으로 진화하기 전에 붙잡히기 때문이다. 과학수사의 발전과 더불어 결정적인 건 CCTV의 확산이다. 2010년대 들어 CCTV 등 감시망이 전국적으로 촘촘해졌고 여기에 차량의 블랙박스도 가세했다. 최근 강력 범죄 수사에서는 CCTV나 블랙박스 분석이 효과적인 단서가 되고 있다.

    사건은 예방할수록 좋다. 이를 위해 보이지 않게 움직이는 존재가 탐정이다. 보통 형사는 범죄가 발생한 이후 움직이고 탐정은 범죄 발생 이전에 개입하는 경우가 많다. 세상에 발생하지 않은 사건 덕분에 우리의 일상이 영위되고 있기도 하다.

일본의 탐정 업무 중 많은 부분을 차지하는 것은 '평판 조회'다. 자본주의가 발전할수록 사기가 많아지는데 이를 방지하는 시스템도 같이 발전하지 않으면 그만큼 사기범들의 활동 무대도 커진다. 사기죄는 일본의 탐정 산업을 발전시킨 주요 이유 중 하나로 꼽힌다. 1980년대 일본 경제 호황기에 자산 투자나 대기업을 상대로 한 사기꾼들이 기승을 부렸다. 사기죄의 가장 큰 특징은 피해 복구가 어렵다는 것이다. 사기범들이 범행으로 얻은 돈을 다 써버리기 때문에 피해자들이 회수할 수 있는 재산이 남아 있지 않다. 사기범들은 발각되기 전에 돈을 다 소비해버리는 경향이 있다.

일본 사회가 사기죄를 예방할 방법으로 모색한 개념이 평판 조회다. 사기를 당하지 않기 위해 사전에 상대방의 신뢰도를 확인하고 해당 인물이 믿을 만한 사람인지 조회하는 것이다. 이 평판 조회 업무가 탐정 산업에서 중요한 역할을 하게 되었다. 현재 약 10만 명의 탐정이 활동하는 것으로 추정되는 일본에서는 대부분의 탐정이 평판 조회를 기본 업무로 수행한다. 탐정들이 상대방의 신뢰도와 과거 전과를 조사하여 사기 피해를 예방하는 역할을 담당하면서 일본의 사기죄 발생률이 크게 줄어드는 데 일조했다.

우리나라의 기술 유출 대응 탐정들도 이런 면에서 사전에 움직이는 경우가 많다. 보통 영화나 드라마에서는 골프장이나 카페 등에서 중요한 정보가 거래되는 장면이 나오는데 실제로는 사람이 거의 없는 장소에서 이뤄진다. 저수지의 한적한 낚시터나 사람이 다니시 않는 등산로, 산속의 사찰, 외진 공원 등에서 정보 제공자와 접수자가 만나곤 한다. CCTV나 드론 전자 감시가 작동하지 않는 곳에서 불법적인 정보 거래가 이뤄지는 것이다. 이러한 한적한 장소에서 무엇이 거래되는가?

정밀 기계의 설계 도면이나 개발 관련 자료, 신약 개발 정보, 국방과학과 관련한 기술정보, 무기 체계와 관련한 정보, 경쟁 기업의 신사업 계획과 관련 정보, 재개발 조합원의 신상, 친환경 관련 신기술, 특허 출원을 준비 중인 신개발 기술, 전기 배터리 관련 신소재 실험 결과 등 돈이 되는 모든 정보들이다. 우리나라가 국방과학에서 최근에 두각을 나타내면서 해외의 방위 산업 기업이나 정부에서 국내의 국방 관련 기술을 불법적인 방법으로 획득하기 위해 비밀 작업을 진행하는 경우도 있다. 기업부터 정부 관련 첨단 정보 및 기술 관련 정보가 산업 스파이들의 표적이 되고 있다.

기업에서는 보안 업무 전담팀을 만들어 기술 및 정보의 유출을 막기 위해 노력하고 있지만 별도로 탐정을 고용하여 조사를 진행해야 하는 사안도 많다. 특히 정보 유출의 가능성이 있는 내부 직원에 대한 통제와 감시를 내부자가 하는 것은 예민하고 까다로운 문제다. 그래서 외부의 탐정이 조사와 감시 업무를 진행하고 있다. 글로벌 탐정 기업인 크롤Kroll 사의 경우에도 주 업무 영역 가운데 내부자에 대한 조사와 감사 업무가 있다.

산업 스파이 활동은 '산업기술의 유출 방지 및 보호에 관한 법률(산업기술보호법)'에 의거해 처벌받는 범죄다. 우리나라가 기술 강국인 만큼 기술 유출과 관련된 산업 스파이 활동 관련 범죄가 빈번하게 발생하고 있다. 기술 유출 사실이 외부로 알려지면 해당 기업에 치명적인 타격이 발생할 수 있다. 대외적인 신인도가 떨어지고 투자자들의 불안을 야기하여 주가가 폭락하거나 단기간에 투자금이 회수될 가능성이 높아진다. 기업의 미래가 불투명해지고 심할 경우에는 문을 닫는 상황이 발생하기도 한다. 이러한 산업 스파이 관련 범죄는 국가적 차원에서 기술 경쟁력을 훼손시키고 부수적으로 수많은 피해자를 양산하게 된다.

산업 단지나 공단이 몰려 있는 창원특례시, 포항시, 서울특별시의 구로 및 가산디지털단지, 판교 테크노밸리 등지에서 운영되고 있는 탐정사무소는 주로 산업 스파이를 잡기 위한 내부자 감시 및 통제 작업을 수행하고 있다. 내부자들이 경쟁 업체와의 접촉을 통해 기술 탈취를 시도하는지 혹은 퇴직한 연구자가 기술을 가지고 이직을 했는지 등을 추적하여 증거를 확보한다.

2023년에는 경찰청 수사를 통해 첨단 기술의 해외 유출을 적발한 사례가 있었다. 이 사건은 국내에서 막대한 자원을 투입하여 개발한 첨단 반도체 기술을 해외로 유출하려던 시도였다. 국내 모 기업의 고위직 연구원이 경쟁사로 이직하며, 반도체 공정에 사용되는 핵심 데이터를 무단으로 복사해 USB에 저장한 뒤 해외 기업에 판매하려는 정황이 포착되었다. 당시 해당 기업에서 의뢰한 탐정회사와 공조한 조사 결과, 해당 고위직 연구원이 경쟁 기업과 접촉을 시도한 여러 가지 물리적 정황증거가 확보되었으며, 이를 바탕으로 경찰이 강제수사에 돌입하여 유출 시도가 사전에 차단될 수 있었다.

기술 유출만큼이나 사전 예방이 중요한 영역이 기업의 내부 횡령 사건이다. 2020년대 중반 우리나라의 5대 대형 은행 중 한곳에서 내부 직원이 100억 원에 가까운 은행 돈을 횡령한 사건이 있었다. 해당 직원은 바로 수사기관에 체포되었다. 횡령한 돈은 이미 가상화폐 투자와 룸살롱 등의 유흥비, 여러 대의 고급 외제차 구입에 사용한 뒤라 회수할 금액이 거의 남아 있지 않았다. 소비된 자산에 대해서는 그 회수가 쉽지 않다. 특히 가상화폐에 투자한 경우라면 불가능에 가깝다. 결국 피해 은행은 그만큼 결손 처리할 수밖에 없었다.*

외국에서는 범죄 예방 목적으로 탐정이 활동한다. 대

---

* 2020년 이후 국내 기업의 내부자에 의한 횡령 사건은 증가하고 있다. 법무부 검찰청이 발간한 〈분기별 범죄동향 리포트〉에 따르면 2014년 3만 8,646건이었던 업무상 횡령 범죄는 2021년 5만 1,793건으로 34퍼센트 증가했다. 또한 2020년에는 22곳에서 총 1,940억 원 규모의 횡령 사건이 발생했으나 2021년에는 26곳에서 총 1조 2,755억 원의 횡령 사건이 발생하여 금액이 약 6배 증가했다.

표적인 것이 '범죄 예방 진단'이다. 범죄 예방을 목적으로 하는 진단업業이 활성화되어 있다. 최근에는 'CPTED(Crime Prevention Through Environmental Design)'라는 개념이 도입되었다. 이는 '환경 설계를 통한 범죄 예방'을 의미하며, 범죄 발생 가능성을 줄이는 방안과 시나리오를 마련하는 것이다. 특히 건축대학원이나 건축학과, 디자인학과에서 주택 디자인과 연계해 범죄 예방을 위한 설계를 적용하고 있다.

나는 CPTED 관련 서적을 집필한 적이 있다. CPTED에는 도로 공사, 진출입로 설계, 조명 설치, 조경 등 다양한 요소가 포함된다. 절도범이나 침입 범죄자들을 막는 것이 목표다. 대표적으로 CCTV 설치가 그 초기 모델이라고 볼 수 있다. 집 앞에 CCTV를 설치하면 범죄자들이 그 집을 범행 대상으로 삼기를 꺼린다. 물리적 방어를 통해 범죄를 예방하는 것이 CPTED의 핵심이다.

1인 가구가 많아지는 상황에서 혼자 거주하는 여성이 자신의 주거 환경이 범죄에 취약한지를 진단받고자 탐정에게 의뢰하기도 한다. 거주하는 집의 창문 상태나 야간에 출입할 때 이용하는 경로 등을 진단한다. 미국은 범죄가 심각하기 때문에 경호원을 고용하지 못하는 일반 시민들은 탐정을 고용하여 자신의 생활 패턴이나 주거 패턴을 기반으로 범죄 피해 가능성을 사전에 진단받는 것이 활성화되어 있다.

우리나라에서도 최근에는 아파트 시공이나 설계 과정에서 보안 전문가나 범죄 예방 전문가를 통해 CCTV 배치와 점등 시간 등을 고려하여 범죄 예방을 위한 조치를 취하고 있다. 이런 보안 전문 탐정들이 하는 일은 '아무 일도 일어나지 않게 하는 것'이다.

진실을 감당하는 용기는
공동체 의식에서 나온다

　미국 힝클리 마을의 법률사무소에서 일하던 에린 브로코비치 엘리스Erin Brockovich-Ellis는 어느 날 우연히 의료 기록에서 마을 주민들의 이상 질병 패턴을 발견한다. 수백 명의 주민이 각종 암 등 심각한 건강 이상으로 장기간 입원하는 상황이었다. 이상하게 여긴 그녀는 주민들을 일일이 찾아가 인터뷰 조사를 시작했다. 캘리포니아주 모하비 사막 한가운데 위치한 힝클리 마을은 지하수를 식수로 사용했다. 그녀는 지하수가 오염된 사실을 알아내고 범인이 대기업 PG&E(Pacific Gas and Electric Company)사라는 걸 밝혀낸다. 이 회사가 냉각수 탑의 녹 제거용으로 사용한 후 땅에 버린 중금속 크롬6이 지하수를 오염시킨 것이었다.
　에린이 소속되어 있던 법률사무소의 변호사들은 대기업을 상대로 소송에서 절대로 이길 수 없을 것이라고 생각했다. 하지만 그녀는 변호사들의 만류에도 불구하고 이 사건을 조사해보겠다고 직접 나섰다. 지역주민들을 인터뷰하며 중금속 유출로 인한 피해 상황을 조사했고, 지하수를 사용하는 시골 지역에서 환경오염이 심각하다는 사실을 밝혀냈다. 지역의 대학 연구소에 오염된 물과 토양 샘플의 조사 실험을 의뢰하고, 동물 실험을 통해 공장에서 유출된 독성물질이 암을 유발한다는 증거를 확보했다. 이렇게 18개월 동안 모은 방대한 조사 자료를 바탕으로 주민 634명을 설득해 대규모 집단 소송을 이끌었다.

  PG&E사는 미국에서 가장 막강한 로펌을 써가며 자신들의 책임을 부인했지만 법원은 에린이 조사한 자료를 모두 인정했다. 작은 법률사무소가 막강한 로펌을 이기는 것은 미국 법조계에서는 거의 불가능한 일이었지만 에린이 불굴의 의지와 끈기로 일궈낸 철저한 조사와 분석으로 결국 승리했다. 결국 PG&E는 자신들이 운영하던 공장의 독성물질 유출로 인해 주민들에게 막대한 피해를 입힌 것으로 드러났고 1996년 3억 3,300만 달러에 달하는 손해배상 판결이 내려졌다. 이는 1990년대 당시 가장 큰 규모의 환경 관련 소송 중 하나로 기록되었다. 에린 브로코비치는 공익적 법률 탐정의 대표적인 모델로 자리 잡게 되었다. 그녀의 이야기는 2000년에 개봉한 영화 〈에린 브로코비치〉로도 만들어졌다.

  에린 브로코비치는 1960년 캘리포니아 출신으로 어려운 가정환경에서 자랐다. 대학을 졸업한 뒤 특별한 직업을 갖지 못한 채 파트타임 일을 전전하다 일찍 결혼을 했지만 무능력한 남편과 이혼하고 세 명의 아이를 혼자 키워야 했던 에린은 작은 법률사무소에서 서류 정리를 도와주다가 우연히 이 사건을 만난 것이다.

영화에는 안 나오지만 그녀는 당시 PG&E사에서 고용한 경비 회사나 용역들에 의해서 신변의 위협을 받았다. 그럼에도 그녀와 마찬가지로 신변의 위협을 느껴 진술을 거부했던 주민들을 설득해 진술을 확보하는 등의 뛰어난 탐문 조사 능력을 발휘했다. 그녀는 현재 공익 탐정 교육과 환경운동 강연, 공공성을 위한 탐정 활동에 힘쓰고 있다. 공익 탐정은 대기업이나 공공기관에 의해 피해를 입은 사람들을 도와주는 역할을 하며, 에린 브로코비치는 환경 관련 공익 탐정의 상징적인 인물이 되었다.

우리나라에서 활동하는 탐정들의 면면을 들여다보면 어떤 이들이 탐정이 되는지 알 수 있다. 탐정이 되는 사람들은 주로 두 가지 특성을 가지고 있다. 우선 불합리하고 불공정한 사회구조에 대해 문제의식과 정의감을 가지고 있다. 둘째, 이전에 종사했던 일이나 직업과 관련하여 사회적 책임감을 가지고 있다. 건축사나 회계사로 일했던 사람들이 탐정 교육을 받으러 오는 것도 이런 이유다. 자신이 일했던 분야에서 사건 사고가 발생할 경우 자신의 경험을 토대로 도움을 주고 싶다는 마음을 가지고 있으며, 이를 통해 사회정의를 구현하려는 의지를 가진 것이다.

탐정들이 무엇보다 사회정의를 구현하고자 하는 이유는 세상이 불공정하다고 느끼기 때문이다. 현대사회는 가진 자는 더 손쉽게 가질 수 있고, 없는 자는 가지고 있는 것조차 빼앗기는 불공정한 구조로 이루어져 있다는 것을 실감하기 때문이다. 이런 불합리하고 불공정한 사회구조 속에서 탐정들은 정의를 직접 실현하고자 하는 강한 동기를 갖고 있다. 실제 탐정으로 일하는 사람들은 개인적인 아픔이나 사회적 부당함을 경험한 경우가 많다. 수많은 탐정이 개인적인 고통이나 억울한 경험을 바탕으로 탐정으로 변신한 것이다. 자신이 겪었던 부당함이 다른 이들에게 반복되지 않도록 돕기 위해서다.

'주먹은 가깝고 법은 먼' 현실 속에서 탐정들은 법으로 해결되지 않는 문제를 파고들어 해결한다. 탐정은 사전에 배운 법률 지식을 토대로 현실적이고 합법적인 방법과 수단, 노하우know-how를 동원한다. 대표적인 예로, 교통사고 전문 탐정은 우리 사회에서 매우 중요한 역할을 하고 있다. 교통사고가 났을 때 억울하게 가해자로 몰리거나 피해자임에도 법적으로 불리한 위치에 서는 경우 전문 탐정이 투입되어 체계적인 조사를 통해 억울한 사람들을 돕는다. 경찰이나 사법 체계가 문제를 해결해주지 못하는 경우 탐정들은 직접 정의를 실현하려는 의지를 가지고 뛰어들게 된다.

무엇보다 탐정이 되는 사람들의 특징을 꼽는다면 흔히 스파이 영화나 첩보 영화 속의 비밀요원처럼 은둔형 직업에

끌린다는 점이다. 탐정은 외부로 드러내지 않으면서도 남몰래 중요한 일을 해내는 직업이며, 이에 대한 강한 동경을 가진 이들이 탐정에 도전한다. 탐정이 가지는 직업적 특성(은밀성, 보안성)은 이를 선호하는 사람들의 자존감을 높여주고 다른 사람을 돕는 과정을 통해 자신이 사회에서 중요한 역할을 하고 있다는 자부심을 느끼게 해준다. 묵묵하게 누군가를 돕고자 하는 의협심을 가진 사람에게 탐정이라는 직업은 가장 적합하다고 생각한다.

보통 추리소설이나 영화에서 탐정은 주인공이지만 현실에서 탐정은 조연이다. 엄밀히 말하면 드러나지 않는 '주연 같은 조연'이다. 나는 사석에서 현업 탐정들과 만날 때마다 깨닫게 된다. 탐정으로 오랫동안 일하는 이들의 공통점은 결코 자신을 드러내지 않는다는 것이다. 철저하게 의뢰인을 보호하면서 자신은 드러나지 않도록 사건을 해결한다.

탐정들은 기본적으로 혁명가적 기질을 가지고 있다. 심리학적으로 인간의 유형을 크게 순응형 인간, 혁신형 인간, 혁명적 인간, 무기력한 인간, 이렇게 네 가지로 분류할 수 있는데, 탐정들은 그중에서도 혁명적 인간에 가까운 성향을 보인다. 혁명적 인간은 기존의 질서를 인정하기보다 강한 변혁의 의지를 가진 사람들이다. 사회 경험이 쌓이고 나이가 들면서 무작정 갈아엎기보다는 내가 바로잡을 수 있는 현실에 실질적인 도움을 주는 일을 업으로 삼은 사람들이다. 이들이 추구하는 것은 불의한 상황을 바로잡고 정의를 실현하며 어려운 사람을 돕는 것이다.

혁명가적 기질을 가진 탐정들이 모이면 언제나 사회문제에 대한 자기만의 생각을 토로한다. 보수, 진보, 중도의 정치적 성향과 상관없이 정치적 문제에 대해 논의하며 각자 다양한 철학적 관점을 드러낸다. 각자의 경험을 바탕으로 세상의 불합리함을 고민하고 분석하는 그야말로 '걸어 다니는 사회철학자'들이다. 탐정은 자신의 경험을 토대로 세상을 변화시킬 방안을 찾고, 그 과정에서 사회정의를 구현하고 어려운 사람들을 돕고자 하는 의지를 강하게 표출한다.

탐정은 진실을 추적하고 '최종 딜레마'에 직면하는 직업이다. 일반인은 모르고 지나치는 진실을 드러내는 일이기 때문에 그 과정에서 선택과 고민이 따라온다. 자신에게 닥친 삶의 압박과 온갖 장애물을 자신의 모든 역량을 총동원해 해결하는 과정을 잘 보여준 사례가 에린 브로코비치다.

나는 종종 사석에서 탐정은 "자기 학대를 좋아하는 변태"라고 말하곤 한다. 자신에 대한 엄청난 요구와 극한의 상황을 감수하면서도 직업적 쾌감이 높다. 탐정이야말로 자기희생적이라는 부분과 그만큼 만족도가 높다는 매력을 갖고 있다. '내가 이 사건을 해결했다'는 쾌감. 사건을 해결하고 난 뒤의 성취감과 자부심은 대단하다. 내가 현장 탐정으로서 느꼈던 사건 해결의 쾌감은 정말 남다른 것이었다. 세상이 좀더 나아지는 데 기여했다는 보람과 성취감 덕분에 탐정들은 험난한 과정을 겪더라도 앞으로 나아가게 된다.

2부

우리가 몰랐던 탐정의 정체

탐정이라는 직업

    일반인들은 보통 《셜록 홈스》나 일본의 《명탐정 코난》과 같은 작품이나 미디어에 등장하는 탐정을 보고 탐정에 대해 안다고 생각한다. 하지만 보통 사람들이 짐작하는 것보다 실제 탐정의 역할은 훨씬 더 다양하고 광범위하다. 50대 이상인 사람들은 〈형사 콜롬보〉를 기억할 것이다. 콜롬보는 형사가 아니라 범죄 전문 탐정이다. 당시 우리나라는 탐정이 범죄수사를 하는 것을 인정하기 어려운 사회였기에 〈탐정 콜롬보〉가 아닌 〈형사 콜롬보〉라는 제목으로 방영된 것이다. 또한 인기리에 방영되었던 〈맥가이버〉도 있다. 맥가이버는 과학적 방법을 동원하여 문제를 해결하는 테크니션 탐정이다.

    탐정을 영어로는 'Private Investigator' 또는 'Private Detective'라 부르며, 영국에서는 'Private Eye'라고도 한다. 우리가 사용하는 '탐정探偵'이라는 용어는 일본에서 온 것이다.

일본에서는 왜 탐정이라는 용어를 쓰게 되었을까? 일본의 전국시대戰國時(1467~1615년)에 적진에 침투하여 적의 병력이나 군사 목표를 탐지하는 정찰대를 '정탐자'라고 했는데, 바로 이 용어에서 비롯되었다. 일본의 전국시대가 200년가량 지속되면서 30여 명의 센고쿠 다이묘라는 소위 전쟁 영주War Lord들이 엄청난 숫자의 정탐자들을 활용했다. 전쟁이 끝나고 막부시대로 접어들자 수많은 정탐자가 실직 상태가 되었다.

일본이 상업적으로 발전하면서 16세기 중반부터 포르투갈 상인들과 이주민들이 대거 일본에 진입했고 일본 상인들은 이주민 상인들과 사기나 도주, 금전 문제 등 다양한 갈등을 겪었다. 이러한 상황에 대처하기 위해 기존 정탐자들이 정보 수집이나 채무자 추적, 신용도 조사 등 다양한 역할을 하는 전문 집단으로 변화했다. 이들을 '탐정'이라는 용어로 부르기 시작했다. 탐정이 주인공인 추리소설이 국내에 소개되면서 탐정이라는 단어가 우리 사회에도 자리 잡게 되었다.

해외에서 탐정업은 전문 인력을 활용한 고부가가치 서비스 산업으로 분류된다. 이는 탐정의 일이 궁극적으로 정보를 다루는 것이기 때문이다. 홍콩에 본사를 두고 있는 영국계 탐정 기업인 '힐 앤드 어소시에이트Hill & Associate Private Investigation Company'는 아시아·태평양 지역을 중심으로 조사활동을 하고 있으며, 그들이 회사 프로필에 기재한

대로. 전 세계적으로 약 80만 명 이상의 직원이 활동하고 있을 것으로 예상되며, 1년에 180억 달러 이상의 매출을 기록하고 있다.

뉴욕주 검사 출신인 줄스 크롤Jules Kroll이 설립한 크롤사는 우리나라를 비롯한 30개국 5,000여 명의 조사 전문가와 함께 국가급 사건, 공기업 관련 사건과 같은 대형 조사 사건을 처리하며 연 매출이 조 단위를 넘는다. 크롤사의 보고서는 월가에서 중요하게 참조할 정도로 영향력이 높다. 우리나라의 모 대기업은 이런 탐정회사에 연 900억 원의 비용을 '보안 컨설팅비'라는 회계 명목으로 지불하고 있다.

탐정은 한 개인을 둘러싼 사건의 증거 수집 및 사실 조사부터 기업의 존립을 좌우하는 정보까지 광범위하게 다룬다. 그리고 국가 간의 문제와 국제 관계까지 깊숙이 관여하며 보이지 않게 세상을 바꾼다. 탐정의 역사에는 한 나라의 건립과 발전 과정에 깊숙이 관여해온 탐정회사도 있다. 미국의 '핑커튼 탐정회사Pinkerton Detective Inc.'다. 미국의 독립 초기부터 활동해온 170년 역사의 핑커튼사는 미국 근현대사를 논할 때 빼놓을 수 없는 곳이다. 미국 서부 개척기에 무장 열차 강도를 막아내던 불세출의 총잡이인 앨런 핑커튼Allan Pinkerton이 설립한 탐정회사다.

앨런 핑커튼은 '미국 탐정의 아버지'로도 불린다. 링컨 대통령 암살 시도를 수차례 막아낸 핑커튼사의 노하우를 바탕으로 현재의 대통령 경호 조직인 시크릿 서비스Secret

Service가 만들어졌다. 또한 미국의 각 주를 넘나드는 핑커튼사의 거미줄 같은 수사 정보망과 조사 방법을 연방정부 조직으로 연결하여 발전시킨 것이 지금의 미국연방수사국 FBI(Federal Bureau of Investigation)이다. 미 중앙정보국 CIA(Central Intelligence Agency)이 없던 시절, 연방정부의 정보기관 역할을 했던 핑커튼사의 직원 수는 당시 미 육군 병력보다 많았을 정도로 세가 막강했다. 현재 핑커튼사는 시큐리타스Securitas AB 그룹 산하에서 전 세계적으로 활동하고 있으며, 직원 규모는 약 1,500명 수준으로 추산되고, 모기업인 시큐리타스는 전 세계 약 30만 명 이상의 인력을 보유하고 있는 실정이다.

역사적으로 탐정 분야에서 활동한 많은 인물과 탐정 기업이 기밀성과 정보 보안 때문에 자신들이 한 일을 정확하게 공개하는 경우는 많지 않다. 하지만 일반인들에게 드러나지 않았던 탐정의 세계는 알면 알수록 흥미진진하고 드라마틱하다.

핑커튼사의 직원이었던 대실 해밋Dashiell Hammett과 핑커튼의 팬이었던 하드보일드 작가 레이먼드 챈들러Raymond Chandler는 핑커튼사의 정보와 이야기들을 바탕으로 미국을 대표하는 추리소설을 남겼다. 대실 해밋은《몰타의 매》라는 대표작에서 '샘 스페이드'라는 냉철한 탐정을 주인공으로 터프한 사건 조사 과정을 묘사했고《붉은 수확》이라는 작품에는 부패한 공무원과 정치인들의 음모를 파헤치는 내용을 담았다. 특히 이 소설은 일본의 영화감독인 구로사와 아키라의 대표작인 〈요짐보用心棒〉에까지 영향을 주었다. 레이먼드 챈들러의 소설들 또한 핑커튼사의 내부자와 관계자들을 통해 구두로 전달된 내용에 기반한 것이다. 핑커튼사와 관계된 수많은 사건과 인간 군상들이 위대한 작가들의 상상력을 자극했으며, 중요한 작품의 소재로 활용된 것이다. 끝없이 퍼도 마르지 않는 샘물과 같은 콘텐츠의 보고가 탐정의 세계다.

우리 사회에서 탐정의 존재는 추리소설이 인기를 끌면서 일반인들에게 알려졌다. 1841년 에드거 앨런 포의 《모르그가의 살인 사건》의 탐정 오귀스트 뒤팽 이후 코넌 도일의 셜록 홈스, 애거사 크리스티의 푸아로나 미스 마플 등이 등장하는 추리소설들로 인해 탐정에 대한 대중적 관심이 폭발했었다. 하지만 추리소설에서 멋있게 그려지는 탐정과는 달리 1960~70년대 한국 사회에서 실제 탐정에 대한 인식이나 이미지는 좋지 않았다.

당시 한국은 독재국가였기에 국가안전기획부NSP(National Security Planning)나 경찰, 검찰 이외에 민간인이 사건을 조사한다는 사실 자체가 용납되지 않았다. 형사나 범죄수사관만이 할 수 있는 범죄수사나 살인 사건 수사를 민간인이 한다는 것에 대한 우려로 인해 탐정에 대한 이미지가 왜곡되기도 했다. 일본에서는 경제 탐정들이 채권 추심 관련 업무를 하고 있었는데, 한국에서는 금융권의 은퇴자들이 일자리를 빼앗길 것을 우려해 신용조사업법에 탐정 업무를 불허하는 규정이 추가되었다. 이 신용조사업법의 독소조항으로 인해 OECD 가입 국가 중 유일하게 우리나라만이 탐정 산업을 정부 차원에서 인정하지 않는 상황이 지속되었다.

    2020년 비로소 헌법재판소에서 탐정업을 공식 인정하는 판결이 내려짐으로써 탐정이라는 직업이 합법화되었다. 그해 국세청은 탐정업을 공식적으로 '탐정 및 조사 서비스업(분류코드: 75330)'으로 분류하고 사업자 등록을 허용했다. 한국에서 탐정업이 법적으로 인정받기까지는 매우 오랜 시간과 복잡한 과정을 거쳤다. 특히 해방 이후의 군사 통치 체제와 일본 대륙법계 사법제도의 영향 아래에서 사법기관은 탐정 활동을 불법적인 것으로 간주했고 이로 인해 탐정이라는 직업은 오랜 기간 금기시되었다. 그 결과 한국의 탐정 산업은 주요 선진국에 비해 크게 뒤처지게 되었다.

    2024년을 기준으로 우리나라 경찰은 총 13만 명이다. 경찰 1인당 담당 인구는 약 391명으로, 선진국의 평균 200명에 비하면 경찰관 수가 부족하다. 치안 및 범죄 예방과 관련한 공공자원(경찰, 해양경찰, 특별사법경찰기관 등)의 한계가 분명히 드러나고 있다. 경찰이나 공공기관이 모든 범죄와 분쟁과 갈등을 해결하기엔 인력과 자원이 부족하고, 그 과정에서 피해자가 충분히 보호받지 못하는 경우도 빈번하다. 더욱이 급격한 사회적 변화와 높은 사회적 갈등 속에서 고도로 지능화되고 다양해지는 범죄를 예방하고 해결할 필요성이 높아지고 있다. 이미 국내 탐정들은 이런 사각지대를 관찰하며 활동하고 있다. IT, AI 관련 첨단 기술의 발달과 함께 증가하는 디지털 범죄에 대응하는 전문 탐정들의 활약도 증가하고 있다. 특히 이 분야에서는 글로벌 국제 탐정회사에 소속된 탐정들이 전 세계 탐정 네트워크와 함께 활동하는 중이다.

   현재 헌법재판소의 판결로 탐정이 합법화되면서 많은 탐정 교육기관과 협회가 설립되어 운영되고 있다. 2023년 12월 기준으로 탐정 자격을 발급하는 기관은 100개가 넘었으며, 2024년 경찰청 자료에 의하면 공식적으로 탐정 자격을 취득한 국내 인원은 2만 5,000명을 넘어섰다. 글로벌 탐정회사들도 국내에 들어와 지사를 운영하고 있다.

3차 대전을 막은 '비둘기파' 탐정

　　국제적 역학 관계에 깊숙이 관여하여 인류사에 공헌한 탐정 업계 인물로 가장 먼저 꼽는 사람이 있다. 바로 헨리 키신저Henry Alfred Kissinger다. 냉전 시대 미국의 국무장관으로 미국과 소련의 적대적 관계를 안정시키고 중국과의 화해 무드를 만든 인물이다. 그는 이스라엘과 아랍 국가들 사이의 중동 갈등을 효과적으로 중재한 공로로 노벨평화상을 받기도 했다. 외교사적으로 교과서 같은 인물이라고 할 수 있다. 2001년 9.11 테러가 발생했을 때에는 고령의 나이에도 불구하고 미 연방정부의 테러조사위원회 위원장을 맡아 핵심적인 역할을 했다.

　　헨리 키신저가 국무장관에서 퇴임하고 한 일이 바로 탐정회사를 설립한 것이다. 키신저는 젊은 시절 뛰어난 군사 첩보원이었다. 1923년 독일 바이에른주의 유대인 가정에서 태어나 히틀러의 유대인 박해를 피해 부모를 따라 어린 나이에 미국으로 건너왔다. 제2차 세계대전이 터지자 미 육군에 입대한 뒤 독일에 파견되어 독일군 포로를 신문하거나 독일어로 작성된 군사 정보 분서를 번역했다.

2차 대전이 끝난 뒤에는 독일에 숨어 있던 나치 및 전범들을 체포하고 처벌하는 군사 정보원으로 활동했다. 특히 나치의 비밀경찰인 게슈타포Gestapo들을 색출하고 체포했던 미국 전략사무국OSS(Office of Strategic Services)의 특무 부서에 배속된 뒤 탁월한 역량을 발휘했다. 그의 뛰어난 머리를 인정한 군의 추천으로 하버드대학교를 졸업한 후 관료로서 경력을 시작했다. 닉슨 정부에 의해 국무장관으로 중용되어 냉전 시기 미국의 외교 정책을 설계했다.

그는 '비둘기파'로서 충돌을 완화하고 상대와 우호적인 관계를 유지하는 방법을 모색한 국무장관, 우리나라로 치면 외교부 장관이다. 닉슨 대통령이 워터게이트 사건으로 대통령직에서 사임하게 되면서 키신저도 사임한다. 그리고 '키신저 앤 디 어소시에이트Kissinger and the Associate'라는 탐정회사를 만들었다.

FBI에 키신저가 탐정회사를 설립한 이유에 대한 명확한 자료는 많이 남아 있지 않다. 여러 정황과 자료를 분석해 보면 키신저가 FBI로부터 상당한 수사를 받은 것으로 보인다. 닉슨 대통령의 부정부패가 엄청났기 때문이다. 닉슨은 대통령이 되고 난 후 워터게이트 사건을 포함해서 온갖 방산 비리, 건설 비리, 관급 공사 관련 비리 등 수많은 비리로 미국 역사상 가장 부패한 대통령으로 비난받는다. FBI를 비롯한 연방수사기관들은 닉슨 정부의 핵심이자 대통령의 오른팔이었던 키신저를 주요 수사 타깃으로 삼았다. 키신저는 자신이 부정부패에 연루되지 않았음을 입증했고 결국 무혐의로 결론이 났지만 이 과정에서 상당히 억울함을 느꼈을 것이다. 키신저가 탐정회사를 설립한 이유 중 하나는 FBI와 여러 연방수사기관으로부터 자신을 방어할 정보와 자원을 모으기 위한 것으로 추정된다.

지리멸렬한 수사 과정을 통해 부패 스캔들로부터 벗어나 무죄가 확정된 후 키신저는 자신의 외교 역량을 발휘하며 중요한 역할을 하기 시작했다. 키신저가 설립한 '키신저 앤 디 어소시에이트'는 다국적 조사 업무를 수행하는 국제탐정회사다. 전직 FBI, CIA 출신들이 대거 탐정으로 영입되었고 국무부에서 활동했던 관료들도 대대적으로 합류했다. 키신저의 탐정회사가 개입한 대표적인 사건이 이스라엘과 중동의 전쟁이다. 여러 차례의 중동전쟁에서 이스라엘과 중동 연합 사이에서 중재자 역할을 하며 중동전쟁이 세계대전으로 확전되는 것을 막기 위해 움직였다. 또한 소련 붕괴 시기에 미국이 개입하여 소련 붕괴의 연착륙을 도왔는데, 이 과정에서 키신저가 중요한 역할을 맡았다. 소련이 붕괴된 후 러시아와 미국의 관계가 안정되는 데에도 기여했다.

9.11 테러 당시 조사위원회가 생겼을 때 키신저가 조사위원장을 맡았던 이유도 그가 중동 지역에 넓은 인맥을

가지고 있었기 때문이다. 9.11 테러의 주범인 오사마 빈 라덴이 사우디아라비아 출신이었기 때문에 사우디아라비아 정부의 협조를 얻는 데 키신저의 역할이 중요했다. 이 사건에도 키신저의 탐정회사가 개입한 것으로 언론은 보고 있다.

닉슨 대통령의 워터게이트 사건에서 키신저 자신의 무죄를 입증하기 위해 민간 정보 조직인 탐정회사를 만들었지만 키신저가 '키신저 앤 디 어소시에이트'를 세운 더 근본적인 이유는 국무장관으로서 그가 해오던 국제 분쟁 조정자의 역할을 이어가기 위한 것으로 보인다.

키신저가 국무장관을 사임할 당시 미국 정부는 키신저가 했던 중재자 역할이 필요한 상황이었다. 이미 베트남전쟁(1960~1975)으로 막대한 전쟁 비용과 사회적인 에너지가 소모되고 있던 미국은 소련과 갈등을 키우는 건 부담이었다. 스파이의 상호 교환이나 군축 협상 등 산적한 문제들을 해결할 인물이 필요했다. 소련도 군축을 통한 내치內治 안정이 필요했다. 평화로운 해결책을 모색했던 국무장관 키신저의 역할을 비공식적으로 이어가기 위해 '키신저 앤 디 어소시에이트'를 만들었다는 분석이 나오는 이유다. 기자들이 키신저에게 이에 대해 질문하자 "다 알면서 왜 묻느냐"며 답변을 회피했다는 일화는 유명하다.

헨리 키신저는 히틀러의 유대인 학살을 피해 미국으로 피난 온 유대인으로서 2차 대전에도 참전했기에 누구보다 전쟁의 참상을 잘 알았다. 그는 3차 대전을 막는 데 자신의 인생을 바쳤다. 핵폭탄의 위력과 예상 피해를 추산하는 것으로 시작되는 책 《핵무기와 외교정책Nuclear Weapons and Foreign Policy》을 통해 전쟁에서 승자는 있을 수 없다고 주장했다. 그는 미·소 갈등을 막지 않으면 3차 대전이 벌어질 거라는 두려움을 갖고 있었다.

2023년 시진핑 주석은 시급하게 키신저를 초대했다.* 악화되는 미·중 갈등 해소와 AI 기술 개발 경쟁에 대해 의논하기 위해 중국의 시진핑 주석은 '오랜 친구'를 불렀던 것이다. 이때 헨리 키신저의 나이는 100세였다. 핵폭탄의 가공할 위협에 대해 전 세계에 알려서 3차 대전을 막았던 것처럼 새로운 위험과 잠재력을 가진 AI에 대한 연구와 고민을 죽기 직전까지 했다.

키신저의 탐정회사 '키신저 앤 디 어소시에이트'는 그 당시 미국 10대 탐정회사 중 하나였다. 미국 연방정부로부터 비밀리에 펀딩을 받아 국제 분쟁을 방지하고 중재하는 업무를 수행하기 위해 군사적 충돌이 발생할 수 있는 지역에 직원들을 파견하고 중재자 역할을 했을 것이다. 국가 정보를 수탁하여 수집·분석하는 업무를 수행했으며, 그 내용은 공식적으로 공개되지는 않았다. 하지만 키신저는 외교 및 국가 전략에 대한 풍부한 경험을 바탕으로 탐정회사를 운영한 것으로 보인다.

* 《새로운 질서》, 헨리 키신저. 에릭 슈미트. 크레이그 먼디 저, 이현 역, 윌북, 2025년

키신저의 탐정회사처럼 정부 정보 및 분석 관련 용역을 수행하며 국가 간의 일을 다루는 국제 탐정회사들은 세계 곳곳에 다수 존재한다. 이러한 탐정회사들은 국가적 또는 국제적 수준의 민감한 정보를 수집하고 분석하는 일을 수행한다.

영국에 본사를 둔 국제 탐정회사 '컨트롤 리스크Control Risks'는 국제적인 정보 수집과 분석 능력을 활용해 위험을 관리하는 데 특화되어 있다. 전 세계의 정치적 불안정 지역에서 위험 요소를 평가하고, 안전한 외교 활동을 위해 전략을 구상한다. 정치적 갈등이나 내전이 발생한 지역에서 외교관과 공무원의 안전을 보장하기 위한 보안 프로토콜을 설계하거나 위험 회피를 위한 구체적인 이동 경로와 방안을 제공한다. 국제적인 사이버 보안 문제 해결에도 정부와 긴밀히 협력한다. 글로벌 금융 네트워크와 통신 시스템에서 발생할 수 있는 해킹 및 정보 유출 위협을 분석하고 대응 전략을 수립한다. 올림픽, 세계박람회, 국제 정상회의 등 대규모 국제 행사가 열릴 때도 '컨트롤 리스크'사는 테러, 정보 유출, 위기 관리에 대한 대응 시나리오를 설계한다.

19세기 프랑스 파리의 범죄율이 급감한 이유

 전 세계 탐정 업계와 탐정 학계에서 인정하는 최초의 사립탐정은 누구일까?《레 미제라블》에 나오는 '장발장'의 실제 모델인 외젠프랑수아 비도크Eugène-François Vidocq다. 그는 탐정 업계에서 '시조始祖'라고 불린다. 비도크가 탐정으로서 이루어낸 수많은 업적 덕분이다. 만약 비도크가 탐정으로 활약하지 않았다면 우리는 오늘날 프랑스 루브르박물관의 유명 미술 작품 중 상당수를 보지 못했을 것이다. 그가 찾아내 회수한 작품들이 그만큼이나 많다. 비도크는 에드거 앨런 포, 아서 코넌 도일, 모리스 르블랑, 애거사 크리스티 등의 추리소설 작가들에게 가장 크게 영감을 준 인물이기도 하다.
 프랑스 혁명기의 인물인 비도크는 그야말로 풍운아다. 그의 삶은 영화 〈비독: 파리의 황제〉(2020년)로도 제작될 만

큰 파란만장한 이야기들로 가득하다. 비도크는 1775년에 태어난 18세기의 인물로, 배고파서 빵을 훔쳐야 했던 빈민가 출신이었다. 20대까지도 절도로 생계를 유지하며 강도, 밀매, 위조 등 온갖 범죄를 저질렀고, 탁월한 변장술로 50여 차례나 탈옥에 성공했다. 그는 절도범들 사이에서 뛰어난 감각과 능력을 지닌 인물로 유명했는데, 주로 부패한 고관대작의 집을 노렸다. 숨겨져 있는 뇌물이나 부패 재산을 귀신같이 찾아내고 훔치는 데 성공했다.

19세기 프랑스에도 산업혁명의 바람이 강력하게 불기 시작했고 영국과 마찬가지로 빠른 공업화가 진행되었다. 수도인 파리의 인구가 급격히 늘면서 범죄도 빠르게 증가하는 상황이 벌어졌다. 심각한 치안 악화로 고민하던 프랑스 경찰 당국은 프랑스 최고의 도둑으로 명성을 떨치고 있던 비도크에게 협력을 제안했다. 범죄자야말로 범죄자의 심리와 행태를 잘 알기 때문이다.

비도크는 성공 보수를 받는 계약제 범죄수사관으로서 일을 시작하게 된다. 자신의 범죄 노하우를 역으로 이용한 검거 및 수사 실적은 엄청났다. 초기에는 거의 하루에 한 명 꼴로 범인을 잡았는데, 공식적인 기록으로 그가 평생 체포한 범죄자는 무려 2만 명에 육박한다. 파리시 경찰국 산하 범죄수사국의 초대 국장에 취임한 비도크는 8년 만에 파리의 범죄 발생률을 40퍼센트나 떨어뜨렸다. 그의 공로를 인정한 당시 프랑스의 국왕 루이 18세는 비도크가 과거에 저지른 모든 죄를 사면하는 사면장에 서명했다. 프랑스 최고의 도둑이 최고의 수사관이 된 것이다.

비도크는 범인의 유형 및 범죄자의 특징을 정리하는 등 범죄 기록을 꼼꼼하게 만들고 분류하여 사건 해결의 결정적인 자료로 활용한 최초의 인물이다. 이는 현재의 프로파일링 수사 기법에 해당한다.

비상한 머리를 지녔던 비도크는 경찰 조직에서 퇴직한 후 탐정회사를 설립했다. 이 회사가 바로 '비도크 탐정사무소'인데, 공식적으로는 유럽 최초의 사설탐정회사다. 비도크는 탐정회사를 운영하면서 두 가지 트랙으로 사업을 관리했다. 공식적으로 경찰에게 의뢰받은 범죄를 수사하는 동시에 사적으로 개인에게 의뢰받은 사건을 해결했다. 이러한 이유로 비도크는 프랑스에서 '형사의 아버지The Father of Detectives'이자 '탐정의 아버지The Father of Private Investigators'로 불린다.

비도크의 출현으로 '형사'라는 개념이 생겨났고 현대적인 형사제도가 자리를 잡기 시작했다. 형사Detective는 범죄수사를 담당하는 경찰 소속의 수사관을 이른다. 경찰은 순찰, 교통 지도, 범죄 정보 수집, 경비 등 여러 업무를 담당하는 치안 조직이다. 그중에서도 범죄수사관만을 '형사'라고 부르며 크리미널 디텍티브Criminal Detective로 번역된다. 비도크처럼 민간 분야에서 정부와 계약을 통해 범죄수사를 수행하는 범죄 전문 탐정은 프라이빗 디텍티브Private Detective라고 불린다.

비도크는 탐정사무소를 운영하며 프랑스 사회에서 명성을 쌓기 시작했다. 많은 사람이 교육을 받기 위해 비도크의 탐정사무소로 몰려들었다. 비도크는 도제식 교육을 통해 탐정을 양성했으며, 이들이 경찰로 유입되어 형사로 활동했다. 비도크의 탐정회사는 프랑스 내에서 수사기관 역할을 하는 사실상의 공조직으로 자리 잡게 된다. 비도크의 사설탐정들은 사법권을 부여받은 형사 활동을 수행하면서 더 큰 영향력을 행사했다. 민간인 탐정이 체포 및 수사 권한을 지니게 된 것이다.

수많은 범죄 사건을 해결했음에도 탐정의 비밀 유지 계약 때문에 비도크의 업적은 외부에 알려지지 않았다. 당시 프랑스에서 미술품은 부의 축적 수단이었기에 미술품 도난 사건이 많았다. 비도크의 탐정 활동으로 도난 미술품 시장이 크게 위축되었고, 루브르박물관에 소장되어 있는 유명 미술품 및 고대 유물 중에도 비도크의 탐정회사가 회수한 것으로 추정되는 것들이 많다. 비도크가 당시 미술품 도난 사건을 거의 모두 해결했다는 기록은 있지만 그는 어떤 자리에서도 자신이 맡았거나 해결한 사건에 대해 이야기하지 않는다는 원칙을 고수했다. 단지 그가 체험한 기이한 범죄들만 《회상록 Mémoires de Vidocq》으로 남겨 수많은 추리작가에게 영감을 주었다.

프랑스를 비롯한 유럽 사회에서 비도크의 높은 명성은

그를 사교계의 유명 인사로 만들었고, 프랑스의 부유층 중 비도크의 도움을 받지 않은 이가 없을 정도였다. 특히 비도크는 프랑스의 문인 및 예술가들과 많은 교류를 가졌다. 그중에서도 빅토르 위고Victor-Marie Hugo(1802~1885)와의 만남은 소설《레 미제라블》을 탄생시켰다. 위고는 비도크의 캐릭터를 두 인물로 나누어 형상화했다. 비도크의 과거 빈민층 도둑의 삶은 '장발장'으로, 성공한 탐정의 삶은 '자베르'라는 냉혹한 형사로 그렸다.《레 미제라블》은 비도크의 삶을 바탕으로 한 대표적인 작품이다.

    소설가 모리스 르블랑은 비도크가 수사한 사건들을 바탕으로 아르센 뤼팽을 창조했으며, 셜록 홈스라는 불후의 탐정 캐릭터를 창조한 코넌 도일과 추리의 여왕 애거사 크리스티 또한 비도크가 해결한 사건을 모티브로 사용했다. 비도크의 존재와 수사 경험은 다양한 문학작품에 녹아들어 탐정 문학의 중요한 기초를 형성했다.

미국이라는 국가가 만들어지는 데 일조한 탐정회사

앨런 핑커튼은 스코틀랜드 출신으로 젊은 시절 총잡이로 명성을 날렸다. 19세기 중반 캘리포니아에서 금광이 발견되면서 수많은 사람이 금을 찾아 미국 서부로 향했고, 이 과정에서 금을 실은 마차들이 동부의 은행으로 가기 위해 무려 3,000킬로미터를 육로로 이동해야 했다. 금이 실린 마차는 강도들에게 자주 습격을 받았다. 핑커튼은 금광회사의 무장수송보호관으로 정식 취업하여 뛰어난 사격 실력으로 강도를 제압하며 미국 전역에서 유명해졌다. 이후 독립하여 경비회사를 만들었다.

남북전쟁이 발발하기 전 링컨 대통령에 대한 암살 위협이 심각해지자 미국 연방정부는 핑커튼에게 연락했다. 핑커튼은 자신이 훈련시킨 총잡이와 경호원들로 링컨 대통령의 암살 시도를 수십 차례 막아냈다. 노예해방을 발화점으로 남북전쟁이 발발하자 핑커튼의 회사 대신 군대가 직접 링컨 대통령을 경호하기 시작했는데 허망하게도 종전 후 링컨은 남부 지지자가 쏜 총에 맞아 사망한다. 이 사건은 역으로 핑커튼사의 경호가 얼마나 철저했는지를 보여주는 사례이기도 하다.

미국의 역사학자들은 흑인 노예해방을 앞당긴 숨은 공신으로 링컨에 대한 수많은 암살 시도를 막아낸 핑커튼사를 꼽는다. 핑커튼은 대통령의 암살 시도를 차단했던 경험을 토대로 사회를 뒤흔들 수 있는 음모를 사전에 차단할 수 있는 사업을 구상하고 1850년 '핑커튼 내셔널 디텍티브 에이전시Pinkerton National Detective Agency Inc.'라는 탐정회사를 만든다.

당시 미국은 개인의 총기 소유가 자유로웠기에 기업의 경영권과 관련된 무장 충돌이 빈번하게 발생했다. 핑커튼은 기업 대표의 암살 시도를 방지하거나 사고를 내고 도주 중인 내부 직원을 추적해 범죄를 예방했다. 각 주에 지사를 두어 미국 전역을 커버하는 범죄자 추적 시스템을 구축했다.

미국의 경찰권은 주를 기반으로 한다. 수사 대상자나 범죄자가 주 관할 지역을 넘어가면 경찰은 더 이상 추적이나 수사를 할 수 없었다. 각 주의 경찰청은 핑커튼 탐정회사에 수사와 범죄자의 추적을 요청했고 핑커튼사의 탐정들은 주정부에게서 체포권을 부여받아 범죄자들을 잡아냈다. 1930년대 핑커튼사의 운영 방식을 미국의 사법 시스템으로 발전시킨 조직이 바로 미연방수사국 FBI다.

19세기 중반부터 미국 전역에 걸쳐 거대한 네트워크를 형성했던 핑커튼사는 정식 직원뿐만 아니라 수많은 비공식 정보원과 비밀요원을 두고 조직을 운영했다. 특히 비밀요원들은 정체를 숨기고 다른 직업을 가진 상태에서 활동했기 때문에 그 수가 정확히 파악되지 않을 정도로 방대했다. 당시 핑커튼 직원의 수가 미국 육군 병력보다 많았다는 이야기도 있을 만큼 그 세력은 막강했다. 핑커튼사는 외부 용역도 많이 활용했으며, 이를 통해 더 넓은 정보망을 구축했다. 이러한 방식 덕분에 핑커튼사는 미국 사회 전반에 걸쳐 거미줄 같은 정보망을 형성할 수 있었다.

   미국 역사상 가장 강력했던 범죄조직을 소탕한 것도 핑커튼 탐정회사였다. 정부는 급증하는 조직범죄를 해결하기 위해 민간 탐정회사에 의존하게 되었고, 핑커튼과 그의 회사 및 요원들은 이 과정에서 강력한 영향력을 행사하게 된다. 특히 미국 전역에서 활동하는 광역 범죄단체와 무장강도들을 소탕하는 데 성공하며 조직범죄 척결의 영웅으로 부상했다. 가장 유명한 사례 중 하나가 바로 '와일드 번치 Wild Bunch'라는 악명 높은 무장강도 조직을 소탕한 것이었다. 이들은 군대와 경찰마저도 당해내지 못한 강력 범죄집단이었으나 핑커튼사는 이들을 일망타진하는 데 성공했다. 경찰과 같은 역할을 수행했기 때문에 당시 미국인들은 핑커튼 탐정회사를 공공기관처럼 인식할 정도였다.

   핑커튼사의 경호 능력과 범죄 조사 능력은 미국의 끊

임없는 영토 확장과 이로 인한 치안 부재 상황을 극복하고 미국이 광대한 나라로 발전하는 데 상당한 역할을 했다. 핑커튼사는 미국의 안보와 관련한 정보를 수집하고 연방정부에 보고하는 역할도 수행했는데, 이는 지금의 CIA가 담당하는 기능에 해당한다. 핑커튼과 핑커튼의 탐정회사가 오랫동안 미국 연방정부로부터 보호받을 수 있었던 이유 중 하나는 그의 회사가 너무 많은 국가 기밀을 알고 있었기 때문이라고 분석된다.

핑커튼은 "우리 회사는 암살을 제외한 모든 일을 한다"는 말을 남겼다. 그만큼 그와 그의 회사가 다양한 일을 맡았음을 의미한다. 핑커튼의 활동 중 일부는 부정적으로 평가되기도 한다. 특히 미국의 노동운동 탄압에 개입한 일은 핑커튼사의 '흑역사'로 남아 있다.

핑커튼은 노동조합에 자신의 요원들을 비밀리에 투입하여 노조를 와해시키는 작업을 했으며, 노동운동을 억압하는 역할을 맡았다. 19세기 말에서 20세기 초반에 걸쳐 미국에서는 노동운동이 공산주의와 마르크스주의의 영향을 받았다는 우려가 컸으며 미국 정부는 이를 억압하고자 했다. 정부가 직접 개입하기 어려운 상황에서 핑커튼 같은 탐정회사가 이를 대신 수행했다. 젊은 시절, 스코틀랜드에서 미국으로 이주한 이주자 신분이었던 핑커튼은 공장 노동자로 노동운동에 깊이 관여했었다. 노조의 핵심 간부로 수배를 당해 1842년에는 시카고로 도망치기도 했다. 노동운동의 선봉에 섰던 그는 이후 연방정부와 기업의 의뢰를 받으면서 노조 탄압의 상징적 인물이 되는 역사적인 아이러니를 보여주었다. 누구보다도 노조에 대해서 잘 알았던 핑커튼은 범죄조직을 소탕하듯이 노조와 노동운동 또한 와해시켰던 것이다.

1884년 핑커튼이 목뼈 부상으로 인해 병원에서 사망한 후 핑커튼사의 여러 문제점이 외부로 드러나기 시작했다. 특히 노조와 노동자 탄압과 관련된 비윤리적인 행위들이 내부고발을 통해 폭로되고 민간인 사찰, 불법적 수사 등이 밝혀지면서 회사는 큰 위기를 맞는다. 그 당시 미국 사회는 핑커튼의 막대한 선한 사회적 영향력을 의심하기 시작했고 민간 기업에 범죄수사를 맡기는 것이 과연 적절한지에 대한 논란이 일었다. 이러한 논란 속에서 1908년 에드거 후버를 비롯한 미국 연방정부 정책 책임자들은 핑커튼사를 대체하기 위해서 BI(Bureau of Investigation)라는 기관을 설립하게 되는데, 이는 나중에 FBI로 발전하게 된다.

핑커튼을 빼놓고 미국 역사를 논할 수 없다. 미국 초기의 치안이 부재한 혼란스러운 상황은 우리가 서부영화에서 보는 그대로였다. 서부 개척과 골드러시Gold Rush, 멕시코와의 전쟁, 남북전쟁 등으로 인해 연방정부의 권한은 지금처럼 강력하지 않았고, 각 주는 독립적인 성향을 유지하고 있었다. 특히 텍사스는 한때 미국의 주가 아닌 독립된 공화국이었고 멕시코로부터 빼앗은 땅인 중서부 지역 역시 내부적으로 연방으로부터의 강한 분리주의적 성향을 보였다. 이러한 상황에서 미국 연방정부는 국가의 통합과 치안 유지가 시급했고 핑커튼 탐정회사는 그 공백을 메우는 역할을 했다. 특히 남북전쟁 이후 남부에는 여전히 분리주의자들이 존재했고 핑커튼은 이들을 진압하는 데 중요한 역할을 담당했다.

    핑커튼의 사망 이후 평가가 부정적이기는 하지만 그가 미국이라는 나라에서 중요한 역할과 임무를 해왔다는 사실은 부정할 수 없다. 미국의 흑인 노예해방을 앞당긴 숨은 공신이자 19세기 미국의 무법지대를 활개 치던 이민자 중심의 범죄조직을 소탕하여 사회를 안정화하고 FBI, CIA, 대통령 경호국인 시크릿 서비스 등 미국 연방경찰조직이 탄생하는 데 기초를 마련했다고 평가받는다. 19세기 미국을 주름잡았던 앨런 핑커튼은 미국 탐정의 창시자로 불린다.

'월가의 CIA'라 불리는
탐정회사의 조사력

　1992년 3월 러시아의 옐친 정부는 해외로 유출된 국가 자본을 추적해달라고 뉴욕에 있는 한 탐정회사에 연락한다. 러시아는 직전의 쿠데타 시도 등 불안한 정치 상황과 심각한 경제 불황을 겪고 있었다. 조사 대상에는 부패한 관리들이 해외로 빼돌린 재산과 공산당 자금 약 500억 달러가 포함되어 있었다. 이 탐정회사는 러시아 공안기관과의 협조를 통해 복잡한 국제 자금 세탁 및 은폐 수법을 파헤쳤다. 12개국의 수많은 해외 은행 계좌와 부동산, 해운 선박, 예술품 등 다양한 자산을 찾아내기 위해 조사가 벌어졌다.

　러시아 정부의 구소련 시절 대규모 해외 유출 및 은닉 자산을 추적·회수하는 강력한 국제 수사를 벌인 탐정회사는 크롤사였다.

　크롤사는 1985년 필리핀의 마르코스 대통령과 그의

부인 이멜다가 횡령한 수백만 달러를 추적하여 뉴욕 등지에 고가의 부동산을 소유하고 있던 것을 밝혀냈다. 다음 해인 1986년에는 아이티의 뒤발리에가 가난에 시달리는 정부 국고에서 횡령한 수백만 달러가 뉴욕, 런던, 파리, 제네바 등지의 은행 계좌에 숨겨져 있는 것을 찾아낸다. 2003년 쿠웨이트 정부의 요청으로 사담 후세인이 이라크 석유에서 횡령한 수십억 달러를 추적해낸 것도 크롤사다.

20세기 중반 이후 뉴욕 마피아의 최대 조직으로 군림했던 감비노 패밀리에 맞선 것도 크롤사다. "판사, 변호사 그리고 정치인들은 도둑질할 수 있는 자격증을 가지고 있다. 우린 자격증이 필요 없다"고 말한 카를로 감비노가 이끄는 감비노 패밀리는 롱아일랜드 트럭 운송 업계를 장악해 독점하고 있었다. 1980년대 크롤사는 이 독점 구조를 무너뜨리고 뉴욕 의류 업계와 언론으로부터 칭송을 받았다.

1972년 설립된 크롤사는 작은 규모로 시작했지만 1980년대 뛰어난 수사 실력을 입증하면서 유명해진다. '크롤'이라는 이름은 당시 주요 뉴스메이커들의 믿음직한 동맹이 되었고, 금융 부정을 신속하고 은밀하게 적발했다. 회사의 명성이 높아짐에 따라 FBI·CIA·모사드·MI-5 출신 전직 요원, 경찰관, 변호사, 검사, 감사관, 회계사, 공인 사설탐정, 그리고 컴퓨터 전문가들로 광범위한 네트워크를 구축했다. 다국적 기업과 정부 기관 모두에서 사기, 횡령, 환경 규정 준수, 심지어 살인사건까지 수사해냈다. 크롤사가 수사한 살인 사건은 유럽에서 20세기 최대의 미스터리라고 불리는 사건 중 하나였다.

　　1982년 6월 18일 런던 블랙프라이어스Blackfriars 다리에서 이탈리아 은행가 로베르토 칼비가 목을 맨 채 발견되었다. 경찰은 자살로 발표했지만 유족들은 이를 믿지 않았고 크롤사에 사건을 수사해달라고 의뢰한다. 법의학자들까지 동원하여 1991년에 시작되어 1994년에 끝난 크롤의 수사 결과, 칼비는 살해당했다는 사실이 밝혀졌다. 목이 졸린 뒤 자살로 위장하기 위해 옮겨졌던 것이다. 재판이 다시 재기되었고 살해 과정에 바티칸과 마피아가 연루되었다는 사실이 밝혀진다. 칼비가 이들과 연관된 자금을 세탁했다는 증거를 밝혀낸 것이다. 20세기를 떠들썩하게 달군 이 사건은 여러 영화와 소설에 영감을 주었다. 영화〈일 디보〉,〈대부3〉는 이 사건을 모티브로 만들어진 대표적인 작품이다.

　　'월가의 CIA'로 불리는 크롤사의 보고서는 현재 분야를 막론하고 전방위적인 내용을 담는 총체적인 보고서다. 전 세계에서 비즈니스를 하는 기업과 개인은 크롤사의 보고서를 중요하게 참조한다. 월스트리트에는 이전부터 "They are Krolled"라는 말이 있다. 한 기업이 크롤사의 신용평가를 받는 수준에 이르렀다는 것, 즉 거물이 됐다는 의미다.

　　2008년 한국에도 지사를 설립한 '크롤Kroll Associates'사는 금융 범죄와 부패 문제를 조사하고 해결하는 것으로 유명하다. 국제적 금융 거래에서 발생하는 부패나 자금 세탁 사건을 추적하고 조사하는 데 특화되어 있다. 정부기관이나 국제기구와 함께 불법적인 금융 흐름을 차단하고, 공적 자금의 부정 사용 사례를 밝혀낸다. 개발도상국 정부와 협력하여 해외로 유출된 부패 자금을 회수하기도 한다. 불법 자금이 다시 해당 국가의 공공 목적에 사용될 수 있도록 지원하고 있다.

미국과 유럽연합EU을 비롯한 여러 국가의 정부와 함께 기업 내 부패 방지 프로그램을 개발하거나 공공기관의 내부 통제 시스템을 강화하기 위한 컨설팅을 제공한다. 이를 통해 정부가 투명성과 책임성을 확보하도록 돕고 있으며, 다국적 기업들과 관련된 부정 거래를 사전에 예방하고 있다. 오늘날 크롤사는 대규모 자본을 바탕으로 CIA, FBI보다 뛰어난 조사 능력을 갖춘 글로벌 탐정회사로 평가받고 있다.

크롤사와 같은 국제 탐정회사의 사례는 탐정회사들이 국제적 수준에서 정부와 협력하며 공공의 이익을 위해 활동하고 있다는 걸 보여준다. 국내에서도 탐정업이 활성화되면서 탐정회사들이 국가적 용역을 수행하고 있다. 사이버 보안과 관련된 탐정회사들은 공공기관과 협력해 디지털 범죄에 대응하고 있다. 이들은 주로 정부의 정보통신 시스템에 대한 보안 점검, 해킹 사고 발생 시 원인 분석, 중요 데이터 복구 및 보호 등의 업무를 수행한다. 국제 해커 조직의 활동을 추적하고, 사이버 테러를 예방하기 위해 외국 보안기관과 협력하기도 한다.

국내 탐성회사들은 실종자 수색 및 인신 매매 방지와 같은 사회적 문제 해결에도 기여하고 있다. 지방자치단체나 공공기관과 협력해 가출 청소년이나 실종 아동을 찾는 데 기술적 역량을 활용하고 있다. 첨단 장비를 활용한 GPS 추적, 영상 분석, 드론을 이용한 수색 작업이 포함되며, 이는 경찰력이 미치기 어려운 사각지대를 보완한다.

경제 범죄와 관련된 탐정 활동은 국내에서도 주목할 정도로 확장되고 있다. 공공기관과 탐정회사가 협력해 허위 금융상품 판매나 대규모 투자 사기를 조사하고 있다. 피해자의 피해 및 권리 회복과 함께 첨단 범죄를 예방하고 있다.

최근에는 해외에 진출한 한국 기업들이 외국에서 직면하는 법적 또는 경제적 문제를 해결하는 데에도 도움을 주고 있다. 해외 현지에서의 인수합병 관련 정보 수집, 파트너 기업의 신뢰도 평가, 그리고 경쟁 기업의 비윤리적 행태를 조사하고 있다.

국제적인 사안과 관련된 정보 수집 및 분석은 탐정회사들의 중요한 업무 중 하나다. 국제 범죄조직의 동향을 분석하거나 외국 기업의 비즈니스 행태와 관련된 데이터를 조사하는 등 탐정회사들은 다양한 방면에서 국가의 외교 및 경제적 전략 수립을 돕고 있다.

형사와 탐정의 추리력 차이

사건이 발생하면 형사나 탐정은 우선 사건이 왜 발생했는지, 사건의 관계자는 누구인지, 문제의 결정적인 계기는 무엇이었는지, 사건과 관련하여 가장 책임 있는 자는 누구인지, 사전에 해결하기 위한 키 포인트나 스모킹 건Smoking Gun*은 무엇인지 등을 조사하고 추리한다.

추리는 여러 가지 다양한 가능성에 대한 시뮬레이션을 기반으로 한다. 이를 '가정에 의한 추리 과정'이라고 부른다. 이는 용의 선상 또는 문제 선상에 오른 사람을 기준으로 시뮬레이션을 하는 경우, 사건 발생 장소를 기준으로 시뮬레이션을 하는 경우, 피해 물건 또는 피해 대상을 기준으로 시

---

* 문자 그대로 '연기가 나는 총'이라는 뜻으로, 범죄나 사건에서 결정적이고 확실한 증거를 뜻한다. 탄환이 발사되어 연기 나는 총을 누군가 쥐고 있는 모습이 증거의 상징이 된 데서 유래했다. 아서 코넌 도일의 '셜록 홈스' 시리즈 단편인 〈글로리아 스콧 호〉에 처음 등장했으며, 이후 확실한 증거를 의미하는 말로 널리 사용되고 있다. 범죄 혐의를 입증하는 직접적이고 확실한 증거뿐만 아니라 과학적인 근거나 가설을 증명하는 데도 쓰인다.

뮬레이션을 하는 경우 등 다양한 측면에서 이루어진다. 얼마나 관점이나 기준을 넓게 보느냐에 따라서 시뮬레이션은 달라지며, 상상을 통한 가정법을 사용하는 것이 핵심이다.

사망 사건의 경우 우선 사망 원인이 자연사인지, 사고사인지, 타살他殺인지 추리한다. 자연적 사망이나 사고에 의한 사망이면 그 이유를 파악한다. 타살이라고 추정되면 이때부터 범인이 누구인지 찾기 시작한다. 사망한 사람의 인간관계를 파고든다. 사망한 사람의 원한관계, 치정관계, 금전관계, 최근에 벌어진 갈등관계, 상속 및 보험 가입과 관련한 재산관계 등에 대해 복합적 추리가 진행된다. 가설을 기반으로 합리적인 추론이 적용되는 방향으로 나아간다. 이를 통해서 최종적으로 누가 사건의 발생으로 인해 이익을 얻을 수 있는지 또는 원한이나 맺힌 감정을 해소할 수 있는지 찾아내는 것이 핵심이다.

여기까지는 탐정과 형사가 동일한 방식으로 조사하고 추리한다. 하지만 탐정과 형사의 추리는 차이가 있다. 형사는 죄의 여부와 범인이 맞는지에 집중한다. 탐정의 추리가 형사와 달라지는 지점은 여기다. 탐정에게는 기본적으로 의뢰인이란 존재가 있다. 일차적으로 의뢰인으로부터 제시된 것을 중심으로 추리를 적용하고 사실 확인 작업에 들어간다.

형사는 용의자를 특정特定하기 위한 추리를 한다. 살해된 피해자와 치정관계에 있는 자, 금전 거래 등으로 인해 갈등관계에 있는 자, 피해자가 살아 있을 때 해악을 상습적으로 고지한 자("죽여버리겠다"는 등의 협박)를 대상으로 하여 누가 범인일지 추리한다. 대부분의 사건에서 조사 대상자가 누구인지 모르는 상태에서 사람을 특정하기 위해 추리하는 것이다.

　　탐정은 대개 조사 대상자가 누구인지 명확하게 지정된 상태에서 잘못된 행위를 입증하거나 관련 사실을 확인하는 쪽에 추리력을 집중한다. 의뢰인에게서 얼마나 자세한 사전 정보를 확보할 수 있는지가 중요하다. 상당수의 사건들은 의뢰인이 많은 정보를 가지고 탐정을 찾아온다. 의뢰인과의 만남으로부터 탐정의 추리는 시작된다. 의뢰인이라는 사람과 그가 말하는 정보부터 살피면서 추리력을 발동시킨다. 여기서 탐정의 대화 기법이 중요하다. 의뢰하고자 하는 사안에 대해서 정확하게 파악하기 위해 심리적 기법을 동원한 상담 능력이 필수다.

　　어떠한 이유로 사건을 의뢰하고자 하는지, 수사기관에서 수사 중인 사안은 아닌지, 본인이 피해자라고 주장할 수 있는 구체적인 근거는 무엇인지, 사건의 조사 이후에 원하는 바가 무엇인지 파악한다.

　　기본적으로 민간 사건을 조사하는 탐정과 범죄 사건을 수사하는 형사는 추리하는 전반적인 프로세스에서는 동일한 방식을 적용하고 활용하지만 업무의 성격이 다르기에 추리의 과정이나 그 적용 부분에 있어서는 차이가 발생한다. 탐정은 아직 발생하지 않은 사건의 조짐에서부터 사건 발생의 흐름과 결론에 이르기까지 사건의 전체 흐름에 대해 추리력을 발동하는 경우가 많다.

스토킹 전문 탐정이 하는 활동을 보면 이를 잘 알 수 있다. 스토킹 피해자가 겪는 두려움은 단순히 신체적 위협에만 국한되지 않는다. 어디선가 지켜보고 있다는 공포, 언제 어떻게 접근할지 모른다는 불안, 누구에게 털어놓아도 돌아오는 "그 정도는 그냥 무시하라"는 반응은 피해자를 더욱 고립시키고 침묵하게 만든다. 이처럼 보이지 않는 폭력은 제도와 절차만으로는 완전히 대응하기 어렵다. 스토킹 전문 탐정은 바로 그 틈을 메우는 존재로서 피해자의 삶에 실질적인 방패막이 역할을 한다.

스토킹 사건의 조사 초기 단계에서 피해자의 생활환경, 가해자의 행동 패턴, 위험 발생 가능성 등을 분석한다. 특히 스토킹의 특성상 반복적이고 강박적인 행동이 동반되는 경우가 많기 때문에 시간대별, 장소별로 가해자의 움직임을 기록하고 분석하는 작업이 중요하다. 이를 위해 GPS 추적기, 비디오 녹화 장치, 음성 녹음 장비, 통신 로그 분석 등의 기술을 활용하여 구체적이고 법적 효력이 있는 증거를 확보한다. 이 과정에서 수집된 자료는 단순한 참고 정보가 아니라 피해자가 법원에 '접근 금지 명령'이나 '보호 명령'을 청구할 수 있는 핵심 증거가 된다.

특히 최근에는 '관계망상형 범죄'라는 이름으로 분류되는 더욱 심각한 형태의 폭력도 빈번히 발생하고 있다. 이 범죄는 가해자가 피해자와 아무런 실제 관계가 없음에도 머릿속에서 만들어낸 왜곡된 인식, 예컨대 "나를 좋아한다", "우리는 운명이다"와 같은 망상을 바탕으로 집착하고, 위협하거나 심지어 물리적 폭력을 행사하는 것이다. 가해자는 자신이 피해자와 '특별한 관계'에 있다고 믿으며, 그 믿음이 거절당했을 때 분노와 폭력으로 반응한다. 이처럼 현실 인식이 결여된 가해자는 더욱 예측하기 어렵고 위험하다.

탐정은 이와 같은 관계망상형 범죄에 대응하기 위해 피해자가 거주하거나 자주 방문하는 공간의 동선, 취약 시간대, 접근 가능한 경로 등을 조사하여 가해자가 접근할 가능성을 최소화하는 전략을 세운다. 거주지 주변의 사각지대를 점검하고 CCTV의 사각 범위를 보완하거나 건물 출입 패턴을 파악해 위험 시간대에 대응하는 안전 계획을 수립하는 것이다. 더 나아가, 의심스러운 차량이나 인물의 반복 출현을 기록하거나 피해자의 전자 기기를 통한 해킹 가능성까지 검토해, 피해자가 인지하지 못한 위험 요소를 밝힌다.

스토킹 범죄는 조짐이 보일 때 이를 알아차리고 가해자의 행위를 조기에 차단하는 것이 중요하다. 특히 스토킹이 단순한 접촉 이상의 징후를 보일 때, 즉 따라다님, 물건 전달, 문자나 전화 폭주, 주거지 주변 배회 등 강박적 행동이 반복되는 시점에 빠르게 대응을 준비하는 것이 중요하다. 이는 피해자가 스스로 '이 정도쯤은…'이라며 위험을 과소평가하지 않도록 돕는 것이다.

탐정은 피해자가 사회적 관계 속에서 다시 일상으로 복귀할 수 있도록 지원한다. 가해자로부터의 물리적 거리 유지뿐만 아니라 심리적 거리 확보도 중요하다. 가해자와 피해자 사이에 법적·물리적 장벽을 설정하고 그 이후에도 지속해서 주변 환경을 감시하며 피해자의 불안을 덜어주는 데 역점을 둔다. 피해자가 법적 보호를 신청할 수 있도록 조력하고, 경찰이나 법률 전문가와의 연계를 통해 사건 대응의 흐름을 안내하는 것도 탐정의 중요한 역할 중 하나다.

스토킹과 관계망상형 폭력 범죄는 경찰이나 법원에서 처벌을 받기 이전에 긴 시간 동안 피해자의 삶을 침식한다. 제도는 피해자의 고통을 '입증'해야만 움직이지만 탐정은 피해자의 고통을 그 자리에서 '보호'하기 위해 움직이는 데 중점을 둔다. 기본적으로 형사는 사건이 발생한 이후 움직이고 탐정은 사건이 발생하기 이전에 움직인다. 형사는 사건이 발생한 시점부터 과거를 추리하고 탐정은 사건의 조짐이 보이기 시작할 때부터 미래를 추리한다.

궁극의 질문을 마주한다는 것

　마이클 잭슨의 아동성추행 의혹이 드러나게 된 것은 탐정 앤서니 펠리카노Anthony Pellicano의 결단 덕분이다. 마이클 잭슨은 성추행한 아동의 부모들에게 거액의 합의금을 주고 사건을 무마했음에도 피해자들이 경찰에 고소하거나 문제를 제기할 것을 염려했다. 그래서 탐정 앤서니 펠리카노에게 피해자 가족들의 동향을 모니터링해달라고 의뢰했다. 앤서니 펠리카노는 마이클 잭슨의 의뢰건에 대해 검토한 결과, 자신이 조사해야 할 대상은 아동의 부모들이 아니라 오히려 의뢰인인 마이클 잭슨이라는 판단을 하게 된다. 고민 끝에 피해자들의 동향을 모니터링하는 대신 마이클 잭슨에 관한 조사 자료를 FBI에 넘겼다.
　이 사실은 2013년 FBI 기밀문서가 해제되면서 드러났다. 마이클 잭슨이 피해자를 감시하려고 탐정을 고용한 사실과 관련 정보들이 밝혀진 것이다. 하지만 마이클 잭슨에 대한 조사는 그의 성추행 혐의가 아니라 그가 합의했던 피해자들의 동향을 파악하는 행위 자체에 대한 것이었다. FBI는 이것만으로 마이클 잭슨을 기소할 수 없다는 판단을 내렸다. 마이클 잭슨의 성추행을 입증할 증거는 확보되지 않았기에 법적인 기소로는 이어지지 않았다. 피해자 가족들이 이미 거액의 합의금을 받고 사건을 무마했기 때문에 결국 해당 사건은 마무리되었다. 이후 마이클 잭슨은 공황장애를 겪었고 약물 과다 복용으로 사망했다.

탐정에게는 진실을 끝까지 파헤치려는 집념이 필수다. 하지만 진실을 마주했을 때 종종 윤리적 딜레마에 빠지곤 한다. 진실을 알게 된 후 이 정보를 어떻게 처리할지 고민하게 되는 경우가 많다. 탐정은 궁극적으로 진실을 어떻게 다루고 어떤 결정을 내릴지 고민하는 직업이다. 그래서 탐정 윤리는 필수적이다.

탐정 윤리에 의하면 불법행위를 목격했을 경우 이를 제보하거나 수사기관에 신고하는 것이 원칙이다. 문제가 생기면 의뢰받은 조사 업무를 중단하기도 한다. 그러지 않으면 탐정이라는 직업 자체가 불법을 덮어주는 존재로 인식될 위험이 있기 때문이다.

탐정들에게 가장 어려운 딜레마는 선과 악의 구분이다. 궁극적으로는 '무엇이 옳은가'에 대한 질문과 마주한다. 통속 드라마나 영화에서 선과 악은 분명하고 항상 선이 승리한다. 하지만 이는 대중의 바람일 뿐이다. 탐정의 현장에서는 누가 선하고 누가 악한지, 어떤 의도가 궁극적으로 선하고 어떤 의도가 악한지 판단하는 게 어려울 때가 종종 있다.

선악의 구분과 더불어 불법과 합법을 가르는 기준에 대해서도 회의적일 때가 많다. 탐정의 가장 큰 고뇌는 이 모호함과 회의감 속에서 중심을 잡고 사건의 진실을 파헤쳐야 한다는 것이다. 탐정은 여러 가지 불법이나 탈법과 관련한 유혹의 최전선에 있는 사람이다. 사건을 의뢰한 의뢰인을 돕기 위해 사건을 조사하기 시작하지만 도중에 불법을 행하고자 하는 유혹에 휩싸이기도 한다. 일본의 탐정학 교과서와 매뉴얼이 가장 중요하게 언급하는 것은 법률과 사회적 도덕을 지키는 것이다. 이는 역으로 탐정 업무가 불법적인 수단과 방법의 유혹을 쉽게 받을 수 있다는 걸 반증한다. 무리수를 두다가 형사적 처벌을 받거나 민사적인 손해배상을 하고 업계에서 사라지는 탐정을 보곤 한다.

탐정은 기본적으로 사회의 보편적인 윤리에 대한 감수성을 갖고 있어야 한다. 이것은 탐정으로서 중요한 능력인 분별력의 중요한 근간이기 때문이다. 예를 들어 한 의뢰인이 첫사랑을 찾아달라고 탐정을 찾아왔다고 하자. 당신이 탐정이라면 어떻게 할 것인가? 그 일은 거절하는 것이 옳다. 첫사랑을 찾는 것은 상대방의 의사를 존중하지 않는 일방적인 행동이다. 무엇보다 그 의뢰인을 의심해야 한다. 찾고 싶어 하는 이유가 아닌, 숨은 의도의 여러 가능성을 염두에 두어야 한다.

실제로 한 남자가 2년 동안 연락이 없던 여자친구를 찾아달라는 의뢰를 했을 때 이 의뢰를 수행한 탐정은 스토커가 되어 결국 고소당했다. 의뢰인의 의도가 선하지 않다는 것을 간파하지 못해서 발생한 사고다. 과거에 헤어져 연락이 없다면 한쪽이 자연스럽게 소통을 중단한 것일 수도 있다. 따라서 의뢰인의 요청이 정당한 것인지 판단할 수 있어야 한다. 상대방이 원하지 않을 경우 윤리적으로 문제가 될 수 있기 때문이다.

탐정 교육에서 자주 제시되는 사례 가운데 A기업이 자신을 비방하는 경쟁사 B의 행위를 조사해달라고 의뢰한 사건이 있다. 의뢰의 목적은 비방 행위의 존재와 구체적 내용을 확인하여 향후 손해배상 청구 소송에 활용할 자료를 확보하는 것이었다. 이는 일반적으로 '소송 전 단계 조사 활동'으로 불리며, 합법적인 범위 안에서 사실관계를 확인하는 탐정의 대표적 업무 유형에 속한다.

그런데 탐정이 조사를 진행하던 중 단순한 비방을 넘어 B기업이 다양한 불법행위와 부정 비리에 관여하고 있음을 발견하게 된다. 이 지점에서 탐정은 난처한 딜레마에 직면한다. 원칙적으로 탐정은 의뢰인의 요구에 따라 '비방 여부 확인'이라는 한정된 범위 내에서만 활동해야 한다. 하지만 명백한 불법행위를 눈앞에서 확인하고도 모른 체한다면 직업윤리와 공익적 책임에 어긋나는 것이기에 고민에 처한 것이다.

문제는 이 상황이 단순히 '불법을 밝혀내는 것이니까 좋은 일'이라고만 볼 수 없다는 점이다. 만약 탐정이 B기업의 범죄 사실을 제보하거나 신고한다면 결과적으로 A기업은 경쟁사 비방으로부터 자유로워질 수 있다. 그러나 외부의 시각에서는 'A기업이 경쟁사를 제거하기 위해 탐정을 이용했다'는 인식이 생길 위험이 있다. 즉 탐정의 조사 결과가 공익적 가치와 동시에 사적 이해관계의 무기로 해석될 수 있는 것이다. 한국 사회에서 특히 '민간 탐정 고용' 자체가 여전히 불편하게 받아들여지는 점도 이러한 위험을 더한다.

탐정은 기본적으로 의뢰 계약에서 정해진 범위를 준수해야 하며, 임의로 조사 대상을 확장해서는 안 된다. 하지만 그 과정에서 중대한 범죄 사실을 확인했을 경우에는 법률이 정한 절차에 따라 공적 기관에 제보하는 것이 바람직하다. 조사 과정과 방법을 투명하게 기록해 탐정 활동이 의뢰인의 사적 목적을 넘어 사회적 신뢰를 잃지 않도록 주의해야 한다.

결국 이 사례는 '탐정은 어디까지 의뢰인의 요구에 충실해야 하는가, 그리고 공익적 책임은 어디서부터 시작되는가'라는 궁극의 질문을 던진다. 탐정은 반드시 합법적 절차를 준수하면서도 발견된 범죄가 사회적으로 중대한 해악을 끼친다면 정당한 방식으로 이를 처리해야 한다.

탐정은 이러한 여러 가지 딜레마 속에서 자신의 가치관과 직업 철학에 따라 결정을 내리며, 공익성과 직업적 책임의 균형을 찾아야 한다. 이 사례는 자주 언급되는 상징적인 사건이다.

　　탐정은 조사 중 불법행위를 발견했을 때 이를 덮고 지나갈 수도 있지만 경찰에 우회적으로 제보하거나 직접 신고하는 경우가 대부분이다. 불법이나 범죄로부터 사회를 보호하는 것이 탐정의 가장 큰 직업윤리이기 때문이다.

　　흔히 가출 전문 탐정들이 겪는 일 중에는 이런 사례도 있다. 천안에 있는 한 아버지가 가출한 딸을 찾아달라고 탐정에게 의뢰했다. 조사 결과, 탐정은 딸이 아산에 있다는 것을 알아냈다. 사고를 당하거나 유흥업소 또는 사이비 종교 같은 곳에 빠졌을지 모른다는 아버지의 걱정과 달리 딸은 햄버거 가게에서 일하며 착실하게 살고 있었다. 탐정이 딸에게 아버지가 애타게 찾고 있다고 집으로 돌아갈 것을 권유하자 딸이 탐정에게 반문했다. "아빠는 내가 왜 가출했는지 말하지 않던가요?"

　　딸이 가출한 이유는 아버지의 상습적인 폭행 때문이었다. 탐정은 아버지의 폭행이 기다리는 집으로 딸을 돌려보낼 수 없었다. 딸의 동의를 구한 뒤 사진을 찍어 의뢰자인 아버지에게 보냈다. 딸의 생존 여부는 확인시켜주고 딸의 위치는 알려주지 않는 대신, 가정 폭력 문제에 대해 신고할 수밖에 없다는 점을 고지했다. 탐정의 권한 범위는 생존 여부만 확인해주는 것이고 위치까지 알려줄 의무는 없다는 사실을 고지한 것이다. 현재 국회에 계류 중인 탐정법에는 범죄가 확인된 경우에는 탐정이 무조건 신고할 의무가 있다는 조항이 들어 있다.

탐정에게 윤리의식은 가장 중요한 부분이다. 탐정은 사건의 진실을 확인하는 자로서 진실이 드러나면 후폭풍을 가장 먼저 맞는 사람이다. 사건을 의뢰받았을 때 예측한 것과 다른 진실이 나오면 탐정은 딜레마에 빠진다. 그래서 탐정은 최종 딜레마와 직면하고 그 딜레마를 다루는 능력을 갖고 있어야 한다.

탐정의 고민은 누구와도 나눌 수 없다. 누구도 그들의 고뇌를 알지 못한다. 그래서 탐정은 외로운 사람들이다. 진실을 마주하며 혼자서 그 무게를 감당해야 하고, 사회적 책임과 윤리적 고민을 반복적으로 떠안아야 한다.

3부

탐정의 시선으로 본 한국 사회

분노 조절이 힘든 사회

한 나라의 범죄를 보면 그 사회를 알 수 있다. 한 나라의 범죄 현황은 그 사회의 구조, 갈등, 가치관, 안전망 등을 거울처럼 비춘다. 2024년 경찰청 범죄 통계 자료에 의하면 한 해 동안 우리 사회에서 발생한 형법상 범죄 건수는 총 1,583,108건에 달했다. 범죄 발생률은 2019년 이후 감소세를 보이다가 2022년을 기점으로 다시 증가하는 흐름이다. 코로나 시기 동안 범죄도 주춤했던 걸로 보인다. 코로나 이후 사회가 정상화되면서 범죄도 상승하고 있다. 전반적으로 절도, 마약, 지능 범죄는 증가한 반면, 전통적인 폭력·교통 범죄는 완만한 감소세다. 범죄 형태에도 변화가 감지된다.

인구 10만 명당 형법 범죄 발생 건수는 2024년 기준 3,091건으로 여전히 높은 수준이다. 특히 절도 및 폭행 등의 범죄가 비교적 증가폭이 크고, 강도·살인과 같은 강력 범죄는 상대적으로 낮은 비중을 유지하고 있다. 살인 범죄율은 국제적으로 볼 때 우리나라가 낮은 수준이다. 2024년 살인 발생 건수는 276건으로, 인구 10만 명당 0.5건 수준에 머문다. 그러나 평균 연령, 범죄 형태, 관계망 등의 분석을 통해 한국만의 특징이 드러난다. 전체 살인 중 131건(47.5%)은 배우자와 부모, 자녀, 친인척 등 친족 관계에서 발생했다. 참고로 배우자는 51건으로 18.5%를 차지했다. 여기에 더해 결혼하지 않은 연인 관계에서의 살인이 40건(14.5%)에 이른다. 즉, 친족 관계와 연인 사이에서 발생한 살인만 전체적으로 62%를 차지하고 있는 것이다.

이를 통해 무작위적 폭력보다는 가족·지인 관계라는 '밀접한 관계'에서 비극이 발생할 때가 많다는 것을 알 수 있다. 강력 범죄와 지능 범죄는 사건 발생 지역에 따라 뚜렷한 특징을 보인다. 주택가, 상업 지역, 공원과 같은 여가 공간에서도 범죄가 빈번히 발생하고 있다. 인적 밀집도가 높은 지역에서의 폭력·절도 범죄, 혹은 관계 내 불화를 바탕으로 한 폭력 범죄의 증가가 관찰된다.

폭력 범죄 중에서도 '친밀관계 범죄'의 비중은 그 사회가 겪는 갈등과 아픔을 상징한다. 한국 사회는 가족 중심의 유교적 전통이 강한 만큼, 가장 가까운 사람과의 갈등이 가장 깊은 상처를 만든다. 특히 과거보다 세대 간 가치관의 충돌이 잦아졌다. 살인·상해가 주로 주택가에서 발생한다는 사실은 이 같은 맥락을 방증한다.

그 배경에는 한국 사회가 겪고 있는 높은 경쟁과 압

박, 사회적 분절의 심화, 정서적 고립이 자리하고 있다. 개인은 성과 중심의 압박 시스템 아래에서 욕망과 좌절을 동시에 경험하고 있다. 그 과정에서 분노, 질망, 배신감 같은 강한 감정에 휩싸이기 쉽다. 이러한 정서적 폭발은 가장 가까운 사람을 향할 때가 많다. 또한 디지털 시대를 맞아 스트레스와 공허함은 더 심화하는데 이를 제어할 사회적 안전망은 충분하지 않다.

지난 몇 년간 가정 폭력, 스토킹, 데이트 폭력 등의 사건은 사회적 경각심과 함께 구조적 위험을 그대로 드러냈다. 스토킹처벌법 시행 이후 2023년 7월까지 신고 건수는 5만 5,796건에 달했다. 하루 평균 86건이다. 그중 검거 건수는 1만 7,104건이다. 신고한 것 중 30퍼센트만 처리된 것이다. 이는 사회가 얼마나 개인의 경계와 존중에 취약한지를 보여주는 통계다.

범죄는 단지 '사람이 잘못해서 생기는 일회적 사건'이 아니다. 그 이면에는 사회적 구조의 불안, 정서적 지원 시스템의 부재, 신뢰가 무너진 관계, 사회적 통제와 안전망의 공백이 있다. 범죄 현상은 궁극적으로 사회가 재구성해야 할 과제를 가리킨다. 예컨대, 폭력 범죄가 교통 범죄보다 덜 줄어드는 이유는 무엇일까? 교통 범죄의 경우 검거와 예방 시스템, 교육이 어느 정도 정비된 반면, 폭력 범죄, 특히 가정 및 친밀관계에서 발생하는 폭력은 여전히 사적 영역에 방치되어 있기 때문이다.

범죄 통계는 단순한 수치가 아니다. 사회조직의 불안정에 대한 진단 도구다. 경찰력 강화나 법률 강화도 중요하지만 더 근본적인 해법은 정서적 교육 강화, 공공복지 강화, 사회적 지지망 확충, 디지털 시대 감정 조절 지원 등 사회 전반의 회복력을 키우는 것이다.

한 사회가 성숙해간다는 것은 폭력을 예방하고 공감을 회복하려는 안전망의 작동 여부로 판단해야 한다. 범죄 통계는 그 시금석이며, 한국 사회는 이 문제를 해결할 윤리적, 정책적 숙제를 안고 있다.

한국전쟁 이전까지 농업 중심 국가였던 우리 사회는 불과 수십 년 만에 첨단 산업 중심의 선진국으로 탈바꿈했다. 급격한 변화 속에서 모든 분야가 다양한 내홍을 치르고 있다. 사회 근간을 뒤흔드는 변화 중 가장 강력한 요소는 인구구조의 변화다. 범죄 현상에서도 인구구조는 '보이지 않는 손'으로 작용한다. 인구구조는 어떻게 한 사회의 범죄를 바꾸는가? 최근 들어 범죄심리학, 범죄사회학, 범죄학, 범죄수사학 등에서 연구되는 중요한 주제다. 인구구조의 변화와 범죄 발생의 상관관계에 대해 추적하는 연구다.

한국전쟁이 끝난 이후 매년 수많은 신생아가 태어났다. 1955~1963년생인 1차 베이비부머 세대는 약 711만 명이고 1964년부터 1974년 사이에 태어난 2차 베이비부머 세대는 약 954만 명이다. 인구 폭발에 대한 우려로 1960년대부터 강력한 산아제한 정책이 시행되어 출생아의 수가 급감하기 시작했다. 1997년 외환위기를 거치며 출산율 급감은 가속화되었다. 이러한 인구구조의 변화에 대한 경각심이나 대비 없이 우리 사회는 21세기를 맞았다.

2000년에 64만 명을 넘겼던 출생아 수가 2001년에 55만 명대로, 2002년에 49만 명대로 주저앉았고 그 후로 2016년까지 등락을 거듭하며 40만 명대를 유지하다 2017년에는 30만 명대로 추락했다. 2000년대 초반부터 출생아 수를 늘리기 위한 정부의 정책적 노력이 시작되었으나 아무 효과도 거두지 못했으며, 결국 아동·청소년·청년 인구의 감소로 인한 사회적 부작용이 현실화되었다.

인구 감소 정책을 국가의 사명으로 여겼던 시대가 가고 순식간에 젊은 인구의 감소를 걱정해야 하는 상황을 맞이한 것이다. 이제 우리나라는 고령 인구의 급증과 젊은 인구의 감소로 인해 심각한 사회문제를 경험하고 있다.

노인 인구의 급증은 노인 학대와 같은 범죄의 증가로 이어지며 이는 사회 전반에 영향을 줄 수밖에 없다. 청년 인구의 감소는 핵가족화에 따른 외동이 가정의 증가로 인한 현상이며, 이는 자발적이든 외부적 요인에 의한 것이든 고독하게 홀로 지내는 청년의 숫자를 늘릴 수밖에 없다. 이에 따라 혼자 사는 여성에 대한 범죄가 증가하고, 사회 구성원의 사회성 결여나 정서적 결핍 등으로 이어져 타인의 고통과 슬픔에 공감하지 못하는 감수성 결여 등의 문제로도 연결될 수 있다.

　명확하게 상관성에 관한 연구가 나오지는 않았지만 청년의 소외 현상은 역으로 인간관계에 대한 집착을 불러올 수 있으며, 이는 최근에 발생하는 스토킹 범죄의 증가, 이별 관련 강력 범죄의 급증, 보복성 범죄의 잔혹화 등과 어느 정도 인과관계가 있는 것으로 추정된다.

　범죄 현상의 변화는 주로 인구구조의 급격한 변화와 세대 및 계층 간의 단절, 우리 사회의 집단 결속력 저하 등이 영향 요인이 되었다고 할 수 있다. 범죄 대응에 있어서 법적인 장치의 마련, 수사기관의 수사 및 조사 역량 제고, 피해자의 상황과 피해 정도에 대한 정확한 파악 등이 지금까지 제시되어온 대안이었다. 그러나 인구구조의 변화와 세대·계층·개인 간 소통의 부재, 공동체의 붕괴 등과 같은 범죄의 원인을 해소하기 위해서는 다른 방식의 대안 마련에 각별한 신경과 노력을 기울여야 할 것이다.

대책 없이 오래 살게 된 노인들

우리나라의 인구 정책은 세계 최고의 고령 국가인 일본의 실패와 같은 방향성을 보인다. 일본은 2차 세계대전에서 패전한 후 경제성장을 위해 농업 중심의 다산주의를 공업 중심의 단산單産주의로 변화시켰다. 이후 2000년대에 들어오면서 고령 인구의 급증과 젊은 인구의 감소로 인해 심각한 사회문제를 경험하고 있다. 인구 정책의 잘못된 방향성과 정책 집행은 정치, 사회, 경제, 국방, 교육 등 사회 전반에 다양한 악영향을 미치며 그 부작용을 벗어나기 쉽지 않다.

미국의 경우에는 우리나라와 같이 노인 정년이 있었지만 나이 차별이란 이유로 1986년 고용노동 분야에서 정년을 없앴고, 몸이 움직이는 동안에는 노인도 청년들과 같이 일할 수 있는 환경이 조성되었다. 하지만 우리나라는 법적 정년이 있고 여전히 육체적 나이를 기준으로 노동의 기회를 박탈하고 있다. 이러한 정책은 이미 노인 부양에 대한 경제적 부담을 발생시켰고, 사회적 계층 갈등이나 세대 갈등을 유발하고 있으며, 다양한 노인 관련 문제의 확대로 이어지고 있다.

　　문제는 노인 인구의 급증과 범죄 현상 역시 서로 연결되어 있다는 점이다. 범죄심리학자들은 노인의 경제적 궁핍과 소외의 문제가 향후 노인 관련 범죄가 늘어나는 결과를 초래할 것으로 본다. 노인이 단순히 피해자가 될 뿐만 아니라 오히려 가해자가 되어 아동이나 청년 또는 같은 노인을 공격하는 범죄가 증가하여 우리 사회가 경험하지 못했던 문제가 발생할 것이다. 미래에 대한 예측이 극단으로 흐르지 않도록 주의해야 하지만 현재의 인구구조와 상황을 객관적으로 보더라도 노인 관련 범죄는 결코 그냥 지나칠 수 있는 문제가 아니다.

　　이미 고도 고령화 사회로 진입한 일본은 노인 관련 범죄가 급증하여 이로 인한 사회적 홍역을 앓고 있다. 사회복지 기관에서 돌봄 대상 노인을 일종의 돈벌이 수단으로만 보고 제대로 부양이나 보호, 치료 등을 하지 않는 기관 내 학대 범죄가 발생하고 있다. 노인에게 투입되어야 할 예산을 자신들의 호주머니에 넣는 세금 도둑형 범죄도 흔하게 나타나고 있다. 우리나라에서도 이와 비슷한 상황이 전개되고 있으며, 경기도청을 시작으로 여러 광역자치단체가 사회복지 특별사법경찰 부서를 만들고 복지 관련 횡령이나 학대,

기관에 의한 인권 침해 범죄, 노동권 침해 범죄 등에 대한 적극적인 단속에 나서고 있다.

가정 내에서 노인과 관련하여 발생하는 범죄 역시 문제가 되고 있다. 대표적으로 자녀에 의한 노인 부모 학대 및 강력 범죄를 들 수 있는데, 재산을 상속받기 위해 부모를 살해하는 사건, 고령의 부모가 가입한 생명보험을 노리고 살해를 시도하거나 실제로 실행하는 사건, 차상위 계층이나 사회 보호 계층의 부모님이 매달 받는 사회복지 수급비를 자녀가 강탈하는 사건, 재산 분배 과정에서 불만을 가진 자녀가 부모를 살해하는 사건, 자신의 인생이 망가진 원인이 부모라고 원망하면서 부모를 폭행하여 사망하게 하는 사건 등 실로 입에 담기 어려운 노인 대상 패륜 범죄가 발생하고 있다.

우리나라에서 심각한 사회문제인 보이스피싱 범죄도 노인을 대상으로 발생하는 경우가 많다. 물론 지능화·조직화한 보이스피싱 범죄는 노인 외에도 청장년층을 대상으로도 발생하고 있지만 금융 보안이나 온라인 금융에 적응하지 못하는 노인의 피해가 더욱 심각하다. 정부나 금융기관에서 보이스피싱 범죄에 노출된 노인들을 보호하기 위한 다양한 방안을 마련하고 있지만 보이스피싱에서 모든 노인을 보호하기는 현실적으로 매우 어렵다.

또한 가족이 아닌 후배 세대로부터 잔혹한 범죄 피해를 당하는 노인도 급증하고 있다. 폐지를 줍던 노인을 만

취한 20~30대들이 폭행하여 사망하게 한 사건, 일부 청소년들이 구매 금지 품목을 사기 위해 노인을 불러 건당 1,000~2,000원을 주고 소위 '담배나 소주 셔틀'을 시키다 적발된 사건, 기분이 나쁘다는 이유로 지나가던 노인을 젊은 남성이 폭행하여 사망하게 한 사건, 지하철에서 심하게 큰 소리로 통화하는 20대 여성의 행동을 지적한 노인의 머리를 핸드폰으로 가격하여 중상을 입힌 사건 등 이해할 수 없는 노인 대상 공격이 많아지고 있다.

문제는 여러 유형의 범죄에서 가해자보다는 주로 피해자가 될 수밖에 없는 노인의 규모 자체가 너무 급격하게 늘어나고 있다는 것이다. 1958년부터 1974년까지 매년 90만~100만 명 이상이 출생한 데다, 수명 연장으로 인해 사망자 숫자가 줄어들면서 2023년부터는 매년 80만 명에 가까운 인구가 노인이 되는 현상이 20년 이상 지속될 전망이다.

다시 말해 보호해야 할 노인의 규모가 급속히 커지면서 우리 사회의 보호망 범위를 벗어날 위험이 크다는 의미다. 우리나라에는 다른 국가에서는 좀처럼 찾아보기 어려운 존속범죄尊屬犯罪* 개념이 있지만 이는 직계 부모라는 제한적인 범위 안에만 적용되는 내용이며, 이웃의 노인에 대한 공격과 범죄행위는 가중처벌 대상이 아니다. 물론 노인복지

---

* 존속범죄란 부모님 등 직계존속에게 저지르는 범죄로서 한국 법에서는 이러한 범죄를 일반 범죄보다 더 엄격하게 처벌한다. 이는 존속범죄가 패륜적 행위로 간주되어 도덕적, 사회적으로 더 큰 비난을 받기 때문이다.

법에 노인 학대 행위에 대한 가중처벌 항목이 있지만 이 역시도 복지 또는 부양 의무를 가진 개인 또는 기관에만 국한된다. 연고가 없어(무연고無緣故) 법적 의무로부터 자유로운 사람에 의한 공격과 범죄행위에 대해서는 일반적인 수위의 처벌만 적용된다는 점에서 이에 대한 대안을 시급히 마련해야 할 것이다.

관계 단절이 낳는 관계망상

우리 사회의 중요한 사회문제는 청년 인구 감소와 함께 청년의 고립화다. 청년 세대의 고립 문제는 우리나라만의 문제는 아니다. 이미 다른 선진국들이 이와 관련한 대책을 마련하기 위해 다양한 노력을 기울이고 있다. 독일은 청년 대상 데이트 비용 지원 사업을 시행하고 있고, 프랑스는 제한적이기는 하지만 청년 기본소득 보장제를 시행하고 있다. 선진국이 청년들에게 공공재정을 활용해 돈을 투입하는 목적은 기본적인 생계 보장뿐 아니라 이들이 경제적 능력이 있어야 다양한 인간관계를 맺으며 사회활동을 할 수 있기 때문이다.

우리나라는 MZ세대라고 불리는 1980년대 이후 출생자를 대상으로 여러 가지 정책을 내놓았지만 현실성이 떨어질 뿐만 아니라 인구 규모가 큰 고령자의 표를 받기 위한 포퓰리즘 노인 정책이 많이 시행되면서 청년층은 복지 영역에서 크게 소외되어왔다. 보호와 지원이 필요한 청년층에 대한 복지 정책의 부재나 부족으로 청년의 자발적 고립이나 실업, 사회적 고립의 고착화, 대인관계의 어려움으로 인한 연애의 포기, 극단적 선택의 증가, 타인의 감정을 공감하지 못해 발생하는 강력 범죄 등의 문제가 증가하고 있다.

전통적인 범죄의 발생 건수는 약간 감소하는 추세지만 성범죄와 사기 범죄는 뚜렷한 증가세이고 스토킹 범죄와 같은 새로운 유형의 범죄 역시 증가하고 있다. 문제는 최근에 발생하는 범죄의 양상이 날이 갈수록 잔혹해진다는 점이다. 범죄에 대한 국민의 공포 수준을 끌어올리는 것은 범죄 건수의 증가보다 언론에 보도되는 범죄 내용의 잔혹성이다. 최근 발생하는 범죄의 상당수가 잔인하고 흉악하며 엽기적이다. 10대와 20대부터 범죄행위를 하는 문제를 해결하기 위해서는 교육 시스템의 변화와 함께 다각도의 사회적 노력이 필요하다. 많은 범죄학자와 사회학자, 심리학자가 해결책을 고민하고 있지만 오랜 시간 누적되어온 문제이기 때문에 사회적 합의를 통한 전향적인 정책과 노력이 필요하다.

청년 세대의 고립으로 발생하는 대표적인 문제인 스토킹, 가스라이팅, 관계망상형 범죄에 대해 세부적으로 들여다볼 필요가 있다.

우선 스토킹Stalking 관련 강력 범죄가 꾸준히 증가하고 있다. 과거에 "열 번 찍어서 안 넘어가는 나무가 없다"라는 속담이 있었다. 그런데 이 속담이 이성에게 구애하는 방법론으로 왜곡되어 상대방의 거부 의사를 무시하고 반복적으로 상대방의 일상과 삶을 파괴하는 스토킹의 합리화에 사용되는 것은 매우 우려할 일이다. 이는 상대방의 의사와 감정은 전혀 고려하지 않고 자신의 욕구 충족만이 중요한, 전형적인 스토커의 사고 체계다. 감정적인 교류를 무시한 채 상대방은 원하지 않는데, 무조건 자기 마음에 든다는 이유만으로 상대방을 맹목적으로 따라다니는 것은 명백한 범죄행위이며 폭력이다.

우리나라에서 발생하고 있는 스토킹 관련 사건의 공통점은 법과 제도가 피해자를 실제로 보호하지 못한다는 것이다. 가해자를 처벌하는 법적 형량을 높이는 것보다 더욱 중요하고 당장 선행되어야 할 것은 피해자가 사망하거나 다치기 전에 구조하고 보호하는 방법의 강구다. 이제는 스토킹이 살인 범죄의 원인이자 수단이 되고 있다.

스토킹을 저지르는 범죄자들의 심리적 메커니즘은 무엇일까? 강력 범죄로 이어지는 스토커들의 심리적 메커니즘을 다음의 네 가지로 정리할 수 있다.

첫째, 살인·강간·방화·사체 유기 등의 강력 범죄를 서슴지 않는 스토커들은 사회적으로 고립된 상태에서 살아가는 경우가 많다. 사회적 교감 능력이 심각하게 부족하기에 스스로 타인과의 교감을 원하지 않는 악순환에 빠진다. 사회적 동물인 인간은 다른 사람과의 소통을 통해 생각을 나누고 감정을 교류하면서 정상적인 사고체계를 유지한다. 자신의 욕구와 감정에만 매몰되면 자기가 원하는 바를 들어주지 않는 대상에게 강한 분노와 적대감을 품고 공격성을 갖게 된다.

둘째, 사회성 결여는 법이나 사회체제에 대한 무시를 불러온다. 자기 마음대로 법이나 사회제도가 금지하는 행위를 하는 건 이 맥락에서는 자연스러운 일이다. 이는 스토킹 처벌법을 집행하는 일선 경찰관들의 가해자 면담 내용에서도 확인할 수 있다. 상당수의 가해자가 자신의 행위가 왜 처벌되는지 이해하지 못한다. 법 위반으로 받는 처벌에 대해서도 두려워하지 않는 경우가 많다.

스토킹하는 사람이 법의 처벌이나 제재를 무서워하지 않는다면 어떤 문제가 발생할까? 결과적으로 피해자를 죽이거나 큰 피해를 입혀야 사건이 끝나게 된다. 그렇다면 가해자에 대한 강력한 처벌도 중요하지만 피해자를 실시간으로 보호하고 구제하는 방법을 마련하는 것은 더욱 중요하다.

스토킹 피해자에 대한 사회적 보호와 제도적 보호가 매우 부족한 현재의 상황은 스토커들이 우리 사회가 피해자를 돌보지 않는다는 인식을 갖게 해서 결국 강한 공격을 선택하게 만들 수 있다. 강력 범죄로 이어지는 스토킹은 피해자들에 대한 촘촘한 사회적 보호망이 전혀 작동하지 않거나 존재하지 않기 때문에 발생한다.

우리나라는 가해자나 피의자의 인권은 상대적으로 매우 철저하게 보호하는 나라다. 스토커에 대한 사전 예방적인 제재가 인권 침해 논란을 불러올 수 있다는 우려는 사법 기관이나 수사기관이 피해자에 대한 적극적인 보호를 주저하게 만드는 원인이 되고 있다.

넷째, 스토커들은 자신의 일방적인 사랑과 증오, 복수의 감정을 표현하는 데 제재를 받은 경험이 거의 없다. 이러한 경험의 부재가 극단적인 공격을 서슴없이 행하는 원인이 된다. 아무리 막나가는 범죄자라 하더라도 강력한 제재와 피해자에 대한 철저한 보호 방안이 작동한다면 잔혹한 공격을 주저 없이 자행하기 어려울 것이다.

스토킹이란 사귀던 이성 간에 발생하는 갈등이나 헤어지는 과정에서 발생하는 일종의 부작용이나 아픔이라고 여기는 무지가 우리 사회에 만연해 있었다. 이는 결과적으로 잔혹한 스토킹 강력 범죄를 불러왔다. 많은 이가 목숨을 잃는 등의 심각한 피해 상황이 초래되었다.

현재 우리나라의 드라마, 영화, 소설 등에 사적 처벌 서사가 증가하고 있다. 이는 지나치게 약한 사법 처벌과 불안정한 사회 안전 시스템이 원인인 것으로 보인다. 사람들은 드라마 〈모범택시〉나 영화 〈범죄도시〉 등에서 주인공이 범죄자를 폭력으로 제압하는 장면에 열광한다. 넷플릭스에서 방영된 영화 〈무도실무관〉 역시 보호관찰관이 사적 제재를 가하는 모습으로 카타르시스를 불러일으킨다. 실제로는 보호관찰관이 무력을 사용할 수 없음에도 이런 장면이 그려지는 건 사회의 불공정함과 사법 시스템에 대한 불만을 극적인 처벌로나마 대리 만족시켜주기 위해서다. 2000년대부터 우리나라에서 탐정 활동이 활발해진 이유도 이런 배경과 맞닿아 있다. 사법 시스템이 미흡한 상황에서 스스로 자기를 지키기 위한 자기 구제 필요성이 커지고 있다.

관계망상형 범죄도 최근 들어 심각한 강력 범죄의 유형으로 등장하고 있다. 관계망상이란 다른 사람과의 관계성을 자의적으로 판단하고 해석하며 이를 굳게 믿는 것이다. 문제는 이런 믿음을 토대로 반사회적이거나 폭력적인 행위를 하는 경우가 발생한다는 것이다. 예를 들어 친절한 주변 사람에 대해서 자기를 좋아하는 것으로 생각하거나 길에서 자주 마주치는 이웃 사람이 자신을 좋아한다고 또는 미워한다고 혼자만의 생각에 빠지는 것이다.

인간관계를 제대로 판단하려면 여러 경험의 축적이 필요하다. 한 번의 만남으로 금세 친해질 수도 있지만 대부분의 인간관계는 지속적인 만남과 대화를 통해 공유하는 것이 늘어나고 서로에게 공감을 하면서 형성된다. 관계망상은 이러한 정상적인 형성 과정을 거치지 않고, 겉으로 드러난 단편적 현상만으로 자의적 판단을 하며, 혼자만의 감정을 갖는다. 이들이 부정적 감정을 갖게 되면 폭력적 행위로 이어질 수 있는데, 이 유형의 가해자들 역시 피해자의 입장이나 생각은 전혀 고려하지 않고 가해 행위를 저지르는 경우가 많다.

과거 지방의 한 소도시 면사무소에서 이웃 주민과의

분쟁으로 인해 여러 민원을 제기하던 한 주민이 수렵용 엽총을 들고 면사무소에 찾아와 총을 난사하여 공무원 두 명이 사망한 사건이 있었다. 이 사건으로 사망한 두 명의 공무원은 주민 간의 분쟁과는 전혀 관련이 없는 사람들이었다. 하지만 범인은 자신의 편을 들어주지 않는 면사무소의 직원 모두를 자기의 적으로 간주했고, 결국 이러한 관계망상이 안타까운 살인 사건으로 이어진 것이다.

향후 사회적 고립이 심화된다면 이와 같은 관계망상형 강력 범죄가 더욱더 늘어날 것이며, 이는 사회의 연대 기능 강화와 다양한 인간관계 회복을 통해 예방해야 한다. 타인과 교감하고 연결되는 경험을 위한 노력이 사회문화적으로 필요한 것이다. 일본도 관계망상형 강력 범죄의 급증으로 인해 골머리를 앓고 있지만 뾰족한 대안 마련이 쉽지 않은 상황이다.

고령화와 1인 가구의 증가, 디지털 소통의 확산, 지역공동체의 약화는 사회적 고립을 일상화시키고 있다. 이러한 구조 속에서 정서적 결핍과 왜곡된 관계 욕구가 범죄로 표출될 가능성도 높아지고 있다. 특히 스토킹 범죄는 단순한 개인의 일탈이 아니라 사회가 만든 관계 부재의 그림자이기도 하다. 향후 스토킹과 관계망상형 폭력 범죄는 더욱 증가할 것으로 예측된다. 사회적 고립이 심화되고 인간관계의 질적 저하가 진행되면서 누군가에게 '의미 있는 존재'로 매달리려는 강박은 폭력의 형태로 전이될 수 있다. 그렇다면 어떻게 하는 것이 좋을까?

    사회적으로 소외되는 사람들의 실태를 정확하게 파악하고, 이들이 극단적으로 혼자만의 생각에 빠져서 정상적인 인간관계를 갖지 못하는 상황을 막는 노력이 필요하다. 이를 위해 지역사회에서 대상에 맞는 사회적 모임과 활동을 만들고 참여시키려는 노력이 필요하며, 이를 실행하기 위해서는 정부의 재정적인 투입이 일정 부분 담보되어야 한다. 일본의 경우 마을 공동체 사업에서 확대된 개념으로서 청년 공동체 사업이나 세대 간 소통 사업 등에 다방면의 노력을 기울이고 있으며, 고립의 문제점을 알리는 공익 캠페인을 적극적으로 시행하고 있다.

    다음으로 잔혹화·흉포화·지능화되는 강력 범죄에 대해 보다 강력한 형사적 대응을 고민해야 한다. 우리나라는 사형제도가 존재하고 있으나 20년 이상 사형 집행이 이루어지지 않아 사실상 폐지 국가 de facto abolitionist로 분류되며, 인권보호국의 지위를 유지하고 있다. 사형 집행을 부활시키기는 어렵더라도 가석방 없는 종신형제의 도입이나 무기징역형의 중복 선고 제도, 교도소 내의 노역이나 출소 후의 경제활동으로 벌어들인 돈을 피해자나 그 유족에게 지급하는 행형노동 피해자 보상 지급제, 노역과 함께 강한 통제를 받는 미국식 노역 교도소의 도입, 훼손이 사실상 불가능한 초강력 전자발찌의 도입 등 다양한 대안을 고려해야 한다.

사기꾼에게 최적화된 사회

한국 사회에서 폭력 범죄 다음으로 많은 것이 경제 범죄다. 특히 한국은 다른 나라에 비해 사기죄가 많다. 이는 사기죄에 대한 신고가 많다는 의미이기도 한데, 우리나라의 사기죄 기준이 다른 나라보다 느슨한 탓도 있다. 돈을 갚지 못하는 경우에도 사기죄로 고소되는 사례가 많다. 이는 실제로 사기 행위가 있었는지 여부와 무관하게 경제적 갈등이 법적 분쟁으로 번지는 경향을 보여준다. 또한 우리나라는 사기죄와 관련한 법적 조치가 신속하게 이루어지는 반면 실제 피해 금액의 회수는 어렵다는 점에서 피해자들이 더욱 적극적으로 신고에 나서는 경향도 있다. 통계가 보여주는 수치를 보면 한국은 '사기 왕국'이다.

한국에 사기 범죄가 많은 데에는 사회구조적 요인이 있다. 첫째, 급격한 경제성장과 그로 인한 물질주의 및 자본주의 가치관의 확산이다. 한국은 단기간에 산업화와 경제성장을 이루면서 부를 향한 강한 욕구와 경쟁심이 사회 전반에 퍼졌다. 이 과정에서 '수단과 방법을 가리지 않고 성공해야 한다'는 가치관이 자리 잡았고, 이는 사기와 같은 비윤리적 행동을 촉진하는 요인으로 작용했다.

둘째, 사회적 신뢰의 결여다. 사기는 신뢰를 기반으로 하는 거래 관계에서 발생한다. 신뢰가 결여된 사회에서는 사기 사건이 더 빈번히 일어날 가능성이 높다. 특히 우리 사회는 급격한 변화와 경제 위기를 겪으며 세대 간, 계층 간 신뢰가 약화된 측면이 있다. 이런 상황에서는 경제적 약자들이 사기의 주요 표적이 될 수 있다.

셋째, 디지털 기술의 발전으로 인한 새로운 유형의 사기 증가다. 최근 들어 메신저 피싱, 가상화폐 투자 사기, 온라인 쇼핑몰 사기 등 디지털 플랫폼을 이용한 사기 사건이 급증하고 있다. 이러한 디지털 환경에서의 사기는 가해자가 익명성을 유지하며 광범위한 피해자를 대상으로 활동하기 때문에 더욱 쉽게 발생할 수 있다.

한국은 세계적으로 가장 강력한 개인정보보호법을 갖고 있는 나라 중 하나다. 개인정보가 무분별하게 유출되었던 과거에 대한 반작용이다. 문제는 이 법이 지나치게 강력해지면서 누군가의 신뢰도를 사전에 확인하는 것이 어려워졌다는 점이다. 누군가가 명문대 졸업을 내세우면서 투자자를 모으더라도 실제로 그가 명문대를 졸업했는지 확인하기는 어렵다. 강력한 개인정보보호법 때문에 조회할 수 없는 것이다. 결국 이 법은 사기범들이 숨을 수 있는 법적 장벽이 되고 말았다.

현재는 사건 발생 이후 수사기관의 영장을 통해서만 정보를 조회할 수 있다. 예방 차원에서 누군가의 신뢰도를 조사하는 것은 거의 불가능하다. 이는 일종의 '암흑사회'로 변모하게 만든 요인 중 하나다. 우리는 개인정보보호법의 보호를 받는 동시에 개인정보보호법 때문에 정보를 확인하지 못해 불리한 상황에 처하게 된다. 결혼 중개 업체와 같은 회사들도 개인정보보호법 시행 이후 어려움을 겪고 있다. 과거에는 회원들의 신뢰도를 직접 조회할 수 있었지만 이제는 탐정이나 평판 조회 서비스를 통해서만 정보를 얻을 수 있다. 이러한 법적 제한이 다양한 분야에 걸쳐 경제적 부담을 가중시키고 있다.

현재 한국에서는 높은 수준의 신분 위조 사기 사건들이 발생하고 있다. 흔히 위조의 천국은 중국으로 알고 있지만 실제로 불법행위자들이 세계적으로 가장 많이 이용하는 나라는 태국이다. 태국에는 신분 위조를 가장 잘하는 여러 조직들이 활발하게 활동하고 있다. 미국에서도 졸업장이나 신분을 위조하려는 사람들이 태국의 이러한 조직들과 연계하는 경우가 많다. 한국의 사기꾼들도 태국의 위조 조직을 이용한다.

최근 과외 업체에서 파견한 선생님들이 학력 위조 문제로 신고된 사건이 있었다. 영화 〈기생충〉처럼 과외 선생들이 명문대 졸업장을 제출하고 높은 성적을 자랑하며 고액 과외를 진행했지만 실제로는 실력이 부족했던 것이다. 이 사건에는 국제적인 위조 조직과 연계된 브로커들이 개입되어 있었다. 위조된 졸업장은 완벽해서 수사기관조차 진위를 구분하기 어려울 정도였다. 특히 홀로그램 같은 정교한 위조 기술까지 동원되어, 진위를 구분하기 힘들다.

신분 위조뿐만 아니라 페이퍼 컴퍼니를 이용한 다양한 사기 수법이 있다. 홍콩과 싱가포르에는 해외 대기업들과 비슷한 이름의 페이퍼 컴퍼니들이 자리 잡고 있다. 이러한 회사는 외견상 대규모 기업처럼 보이지만 실제로는 그럴싸해 보이는 명판만 여러 개 붙어 있는 위장 회사인 경우가 많다. 이러한 사무실은 주소만 대여하는 공유 오피스를 사용하는 경우가 대부분이다. 사기꾼들은 자신이 대기업의 해외 지사 이사라고 속이는 경우가 많으며, 이를 악용하여 다양한 사기를 저지른다.

우리나라에는 현재 대포 차량만 10만 개가 넘는다. 대포 차량은 보통 법인이나 개인 명의로 구입하여 그 명의를 날려버린 뒤 불법으로 유통시키는 차다. 사기꾼들은 고급 대포 차량을 저렴하게 취득해서 신뢰감을 준 뒤 사기를 치거나 여러 가지 범죄에 이용한다. 대포 차량은 등록이 말소된 상태라서 추적이 어렵다. 범죄자들은 고급 승용차를 손쉽게 구매하고 이용하며 사기 행각을 벌인다.

이런 상황 때문에 탐정들이 학력 위조나 평판 조회 업

무에 뛰어들고 있다. 특정 인물이 정식 학위를 받았는지 또는 그의 과거 이력이나 신분을 확인하기 위해 동기들에게 물어보거나 주변 인물들에게 탐문을 진행한다. 최근에는 엔터테인먼트 업체에서 평판 조회 의뢰가 많아지고 있다. 몇 년 동안 수십억을 투자한 아이돌이 학폭 문제가 터지면서 막대한 손해를 보기 때문이다. 아이돌을 선발하는 과정에서 미리 체크를 하는 것이다.

사기범의 무대는 넓고 법망은 헐겁다

최근 1차 베이비부머를 중심으로 한 은퇴자들이 많아지면서 이들의 퇴직금을 노리는 프랜차이즈 가입 사기, 가맹 사기가 급증하고 있다. 일반인들의 입장에서는 사기로 볼 수 있지만 형사법적으로는 처벌되지 않는 경우가 많다. 우리나라에서는 프랜차이즈를 이용하여 피해자들의 돈을 빼앗는 것에 대해 실제로 형법상의 사기죄가 적용되지 못하는 경우가 허다한 것이다. 여러 약관이나 계약 내용에 미리 빠져나갈 수 있는 요소들을 배치하여 형사적 처벌을 피하기 때문이다.

상식적으로는 사기로 생각되지만 형사법적 처벌을 피하는 사기 형태를 '민사적 불법행위'라고 부른다. 프랜차이즈 사기를 저지른 경우 경찰에 신고해도 사기 혐의가 인정되지 않는 경우가 많다. 가맹점주 스스로 결정을 내렸다는 이유가 가장 크다.

　　이런 사건들에 은퇴자들이 많이 당하고 있는데, 이에 대응하기 위해 탐정으로 활약하고 있는 이들도 은퇴자들이다. 사기를 당한 경험자나 전직 전문가들이 은퇴 후 탐정으로 변신하고 있다. 대기업에서 지점 관리 등 관련 전문 업무를 진행하던 퇴직자들이 탐정 면허를 취득하여 사기범들에 대응하기 시작했다.

　　프랜차이즈 가맹 사기를 저지르는 조직들은 A라는 상표를 등록하여 막대한 이익을 챙긴 후 폐업하거나 관리 소홀로 가맹점들을 폐업하게 만든다. 그리고 나서 A'라는 유사한 브랜드를 만들어 새로운 가맹자들을 먹잇감으로 삼는다. 사업자 명의를 차명으로 하기 때문에 실제 피해를 일으킨 가해자나 가해자 집단이 처벌을 받거나 민사적인 책임을 지는 경우는 거의 없다.

　　언론에서 프랜차이즈 사기 조직의 문제점을 집중 보도하지만 사후약방문이다. 피해 자체에 대한 보상이나 원상회복은 거의 불가능하다. 수사기관도 나서지 않고 공정거래나 상거래 관련 기관도 뒷짐을 진 상태에서 피해자들은 전문 탐정을 찾고 있다.

　　프랜차이즈의 광고 및 가맹점 모집 과정에서의 불법행위나 허위 과장 광고에 대한 조사, 바로 인근 지역에 같은 가맹점의 설립을 허용하는 불공정 가맹점 확장에 대한 조사, 프랜차이즈 운영 주체가 이전에 다른 프랜차이즈를 운영하면서 가맹점주들에게 피해를 입혔던 내용에 대한 조사, 프랜차이즈 대표를 차명으로 운영한 내용(바지 사장)에 대한 조사, 피해 회복을 못 해주겠다고 주장하는 운영자들이 빼돌린 자산이나 재산 또는 돈에 대한 추적 등을 하고 있다.

    가맹점 사기, 투자 사기, 코인 사기 등 다양한 유형의 사기가 발생했을 때 가장 난감한 것은 사기꾼이 해외로 도피하는 것이다. 형사적으로 처벌 가능한 사건을 저지르고 해외로 도피한 사기범에 대해서는 경찰이 인터폴에 수배를 걸지만 도피한 국가에 직접 가서 범인을 잡아오지 않는 한은 우리나라에서 처벌할 방법이 없다. 특히 국제형사사법공조와 관련해 우리나라와 협약이 없는 일부 동남아시아 국가로 도망가는 불법행위자들은 사전에 그들이 현지 경찰과 만들어놓은 모종의 네트워크가 있어서 현지에서도 체포되지 않는 경우가 많다.

    현재 해외로 달아난 도피범만을 전문적으로 추적하는 국제 탐정들이 활동하고 있는데 도피범들은 일부 동남아시아 국가에서 현지 관광 가이드, 숙박 시설 관리자, 카지노 매니저로 일하거나 유흥업소에 종사하는 경우가 많다. 그들은 한국으로 돌아오는 순간 위험해질 수 있다는 것을 알기에 현지에 눌러앉는다. 그리고 현지 경찰에게 뇌물을 주고 송환되지 않도록 방어하고 있다. 이러한 해외 도피 사범들을 국내로 송환시키기 위해 국제 탐정들은 경찰과 다양한 방식의 공조를 강화하고 있다.

검사가 사건 당사자인 나라

한국은 '관官' 중심주의가 강한 나라다. 이러한 특징은 조선시대부터 이어진 중앙집권적 정치 체제, 일제강점기와 해방 이후의 정부 운영 방식에서 비롯되었다. 조선시대의 유교적 관료 시스템은 공무원과 관청 중심의 행정 운영을 강조했다. 이후 일제강점기에는 일본의 강력한 관료 통치 체제가 한국 사회에 이식되었고, 해방 이후에도 관 주도의 경제 개발 정책이 지속되면서 관 중심주의는 더욱 강화되었다. 이처럼 관료 중심주의 시스템과 문화는 현대 한국 사회에서도 강하게 자리 잡고 있다. 관 중심주의는 피해자들을 어렵게 만드는 요인으로 작용한다.

한국 사회의 형사재판 시스템은 피해자보다 검사를 중심으로 구성되어 있다. 우리나라 형사소송법상 형사재판의 당사자는 검사와 피고인이다. 피해자는 '증인'이다. 피해자는 법정에 증인으로 출석해 자신의 피해 사실을 진술할 뿐이다. 재판의 실질적 당사자가 되지 못한다. 이는 미국의 형사재판과 대비된다. 미국에서는 피해자가 형사재판의 원고이자 당사자로 참여하며, 검사는 피해자를 돕는 역할을 한다. 이러한 구조는 피해자가 자신의 목소리를 충분히 낼 수 있게 한다.

한국의 형사재판에서는 피해자의 입장이 충분히 반영되지 않는 경우가 많다. 검사가 원고로서 사건을 주도하는 구조는 피해자에게 소외감을 안겨줄 뿐 아니라 피해 사실이 기소 과정에서 약화될 가능성을 높인다. 이로 인해 피해자들은 자신이 겪은 피해를 명확히 입증하기 위해 탐정을 고용하는 경우가 많다. 탐정은 사건의 새로운 증거를 수집하거나 기존 증거를 보완함으로써 검사가 더 강력하게 기소할 수 있도록 지원하고 있다.

공무원과 관청 중심의 시스템은 때로는 사건의 처리 과정에서 피해자의 입장을 충분히 고려하지 못하게 한다. 경찰의 수사력 부족, 증거 확보의 한계, 공공기관의 행정적 절차로 인해 피해자가 실질적인 구제를 받지 못하는 사례가 많다. 이런 공권력의 한계를 보완하기 위해 탐정들이 활동 중이다.

보통 가해자들은 변호사를 고용하고 피해자는 탐정을 고용한다. 가해자는 자신의 변호사나 인맥을 통해 자신을 변호하거나 방어하는 데 주력한다. 피해자들만이 사건을 해결하거나 정의를 찾기 위해 탐정을 필요로 한다.

범죄가 발생하면 피해자는 먼저 경찰에 피해 사실을 신고한다. 이후 고소나 고발 절차를 거쳐 경찰이 수사를 시작하고 경찰 수사가 마무리되면 검찰이 2차 수사를 진행한 후 재판이 열리게 된다. 그러나 피해자들은 피해 사실을 신고하는 첫 단계부터 어려움을 겪는 경우가 많다. 피해 사실을 구체적으로 정리하는 것이 생각보다 쉽지 않기 때문이다.

특히 성폭력 사건에서는 피해 사실을 명확히 정리하지 못해 수사와 재판 과정에서 어려움을 겪는다. 성폭력 피해는 시간이 상당히 지난 뒤 신고나 소송이 이루어지는 경우가 많다. 피해자의 기억이 엉키거나 세부적으로 일치하지 않는 문제가 발생한다. 성폭력 피해자는 상습적인 피해를 당하는 경우가 많은데, 우리나라 성폭력 피해자 중 약 80퍼센트가 지인에 의해 피해를 입는다. 상습 피해가 발생하는 상황에서는 여러 번의 사건이 혼재되어 시간상의 기억이 혼란스러워질 가능성이 크다. 피해자의 진술이 일관되지 않을 수도 있다.

무엇보다 성폭력 사건 피해자들의 어려움이 배가되는 이유는 성폭력이 가스라이팅 범죄와 연결되어 있는 경우가 많기 때문이다. 가스라이팅은 수직적, 비대칭적 권력관계에서 가해자가 피해자를 통제하고 심리적으로 지배하는 현상을 말한다. 이것이 범죄와 연결될 때 가스라이팅 범죄라고 부른다. 피해자의 감정과 생각을 교묘하게 장악한 상태에서 이루어지는 경우가 많다.

참고로 가스라이팅 가해자는 타인에 대한 공감 능력이 없고 자신의 이익과 욕구 충족을 위해서는 수단과 방법을 가리지 않는 소시오패스에 가깝다. 가스라이팅으로 상대를 속여 돈을 갈취하거나 무위도식無爲徒食을 한다. 이성을 사귀면서 비용 지출을 하지 않고 상대방에게 모든 책임을 전가하는 등 가스라이팅은 타인을 착취하여 자신의 이익을 취하려는 다양한 행위와 연결된다.

일부 사이비 종교인들이 전 재산을 자신에게 기부하도록 유도하고, 우월적 지위에 있는 남성이 피해 여성을 심리적으로 지배하여 지속적으로 성폭행하는 것도 가스라이팅과 연결되어 있다. 우리 사회에 혼자 사는 사람들이 많아지고 개인의 고립화가 심화하면서 이들을 노리는 가스라이팅 범죄는 계속 늘어날 것으로 예상된다.

이은해와 조현수 사건에서도 볼 수 있듯이 피해자의 목숨까지 노리는 경우도 많아지고 있으므로, 이에 대한 고도화된 수사 방법의 개발과 함께 피해자의 피해를 명확하게 분석하고 지표화할 수 있는 체계를 만들어 중범죄로 다스릴 수 있게 하는 전향적인 대책이 필요하다. 가스라이팅 관련 범죄는 피해자의 인격과 사고 체계를 파괴하여 인생을 철저하게 파탄 낼 뿐만 아니라 목숨까지도 빼앗을 수 있는 심각한 강력 범죄라는 점을 명확하게 인식하고 이에 대한 대응책 마련에 집중해야 한다.

가스라이팅과 관련된 모든 범죄 피해에서 가장 중요한

것은 우선 피해자의 자존감을 회복하는 것이다. 그 뒤 피해 사실에 대한 기억을 구체적이고 일관되게 정리할 수 있도록 도와야 한다. 현재 탐정들은 구글 타임라인이나 아이폰 위치 정보와 같은 디지털 기술을 활용해 사건이 발생한 장소와 시간을 확인하며 피해자의 기억을 되살리는 데 집중한다. 인간의 기억은 장소를 중심으로 저장되는 경향이 있다. 사건이 발생한 장소를 특정하면 그 장소에서의 시간을 확인하며 그때 어떤 일이 있었는지 피해자에게 떠올리게 한다. 탐정은 이렇게 파악된 구체적인 장소와 시간을 기반으로 피해 사실을 체계적으로 정리하고 피해자의 진술이 일관되도록 돕는다.

진술의 일관성은 특히 물리적 증거가 부족한 사건에서 매우 중요하다. 피해자의 진술은 사건의 핵심 증거다. 이를 체계적으로 정리하는 과정은 재판 결과에 큰 영향을 미친다.

경찰의 수사 과정에서 보충 증거 자료를 요구하는 경우도 많다. 이때 피해자는 추가로 필요한 자료를 적절히 제출해야 한다. 원래는 변호사가 제출해야 하지만 변호사가 이에 대처할 능력이나 여력이 없는 경우 탐정이 증거 확보를 도와주고 있다. 피해자에게 '이와 관련된 자료가 있는지?', '주변에 얘기한 사람은 있는지?', '사건 당시 일기를 썼는지?', '정신과 치료나 약물 복용 기록이 있는지?' 등 전방위적으로 체크하며 피해자가 미처 생각지 못하는 부분들을 점검하여 증거를 확보한다.

최근 형사사건에서 중요해진 것은 피해자 보호다. 특히 지인에 의한 성범죄의 경우 소송 과정에서 지인인 피의자가 다양한 방식으로 피해자에게 협박을 가한다. 법률 용어로 '보복의 고지'를 하는 경우가 대부분이다. 온갖 협박과 회유로 고소를 취하하거나 피해자가 겁에 질려 진술을 하지 못하게 하려는 의도다. 이런 보복 고지에 대해 탐정이 직접 피의자에게 연락한다. "나는 피해 여성의 의뢰를 받은 탐정이다. 앞으로 협박을 하거나 해악을 고지하면 의뢰인 보호 차원에서 경찰에 신고할 수밖에 없다."고 메시지를 보낸다. 경고성 메시지를 받은 피의자들은 대부분 협박을 멈춘다.

검사가 당사자인 사법 시스템을 가진 우리나라에서 탐정이 가장 많이 활동하는 분야 중 하나는 이처럼 소송 증거 자료 확보다. 변호사가 소송에 필요한 자료가 부족할 때 의뢰인에게 자료 수집을 요청하는 경우가 많다. 변호사 또한 조사 능력이 부족하거나 여력이 없어 탐정 업체에 필요한 증거 자료를 수집하도록 의뢰하고 있다.

시스템 밖으로 사라진 사람들

　우리나라에서는 매년 3만 건이 넘는 실종 신고가 접수된다. 치매 노인 실종, 아동 유괴, 가출 청소년, 스토킹 피해로 인한 도피 등 유형도 복잡해지고 있으며, 단순 실종과 범죄 연계 실종이 뒤섞이는 경우가 많아지고 있다. 급증하는 실종 사건에 대응하는 공권력의 한계도 그대로 드러나고 있다. 경찰은 실종이 범죄와 연계된 긴급 사안으로 판단되기 전까지는 적극적인 개입이 어렵다. 시간과 자원이 제한적이기 때문이다.

　최근 가출이나 실종 사건과 관련해서 탐정에게 의뢰하는 일이 많아지고 있다. 최근 3년간 18세 이상 성인 실종 접수가 증가 추세다. 2021년 6만 6,259건, 2022년 7만 4,936건, 2023년 7만 4,847건으로 집계되었으며, 그중 사망자로 발견된 실종자는 2021년 1,445명, 2022년 1,200명, 2023년 1,084명이다. 보통 가출은 상당수가 가정 폭력 때문인데 사이비 종교와 관련된 가출도 증가하고 있다.

실제 대구에서 대학교를 다니던 딸이 갑자기 사라져서 탐정이 찾은 적이 있다. 딸은 사이비 종교의 집단 합숙소에 있었다. 부모와 함께 탐정이 그곳을 방문을 때 사이비 종교 집단의 경호원들이 무력으로 막아서는 상황이 벌어졌다. 무술을 익힌 경찰 출신 탐정이었기에 무력 충돌 없이 기선을 제압하여 딸을 데리고 나올 수 있었다.

최근에는 미아 사건도 빈번해지고 있다. 출생 후 아이의 지문을 등록할 수 있지만, 많은 부모가 이런 제도를 잘 모른다. 실종된 아이의 생체 정보가 없다면 신속하게 찾는 것이 불가능하다. 매년 약 500명의 아이가 실종된 채로 남아 있으며, 이들은 사실상 영구적으로 찾기 어렵다. 아이들은 성장하면서 얼굴이 크게 변한다. 특히 남자아이들보다 여자아이들이 더 두드러지게 변한다. 4~5년만 지나도 얼굴 사진으로 아이를 찾는 것은 어려워진다.

최근에는 AI 기술을 이용하여 성장 후의 얼굴을 예측하는 시스템이 도입되었지만 이러한 예측이 정확하지는 않다. 기계는 데이터에 기반해 예측을 하지만 사람의 얼굴은 삶의 궤적, 영양 상태, 정서적 변화 등에 따라 달라지기 때문이다. 따라서 지문이나 유전자 정보를 등록하여 대조하는 것이 중요하지만 현재 유전자 정보는 인권 문제로 인해 수집이 불가능하다. 지문은 선택적으로 등록할 수 있지만 유전자 정보는 법적으로 수집이 금지되어 있다.

아이의 실종이 범죄 사건으로 인식되지 않는 이상, 경찰은 적극적인 수사를 진행하지 않는다. 더군다나 아이가 자발적으로 사라진 경우에는 더욱 한계가 있다. 실종된 아이는 시간이 지남에 따라 찾기 어려워지고 특히 아동이 살해된 경우라면 찾는 것은 더욱 힘들다. 성인 뼈와 달리 어린 아이 뼈는 동물 뼈와 혼동되어 식별이 어렵기 때문이다. 장기 실종 사건의 경우 경찰이 수사에서 손을 떼고 나면 부모가 생계를 포기하고 전단을 배포하며 전국을 돌아다니거나 현수막을 건다. 하지만 이러한 노력에도 부모는 아이를 찾지 못하고 파산에 직면하거나 건강이 악화된다. 아이를 잃은 부모는 경제적으로도 심리적으로도 무너진다. 이런 부모들이 마지막 희망으로 미아 전문 탐정을 찾는 경우가 많다.

미아 전문 탐정들은 보호시설을 방문하거나 정보를 수집하는 등 다양한 방법으로 아이를 찾는다. 부모가 스스로 자책하지 않도록 돕고 최악의 경우에는 포기하는 것이 나을 수 있다는 조언을 주기도 한다. 아이를 찾지 못했을 때 부모는 자신의 노력이 부족했는지, 어디까지 가보지 않았는지 자책하며 끝없는 수색의 늪에 빠지기 마련이다. 탐정은 최대한 데이터를 수집하다가 2~3년 정도 지나면 상황을 종료하고 아이를 가슴에 묻자고 조언한다. 미아 사건에서는 이렇게 객관적으로 조언해주는 탐정의 역할이 중요하다. 가정이 파탄 나고 이혼하는 사례도 많이 발생한다.

가출 사건은 치매나 정신질환으로 가출된 경우와 자발적인 가출이 있다. 전자는 경찰이 찾는다. 하지만 경찰이 못 찾는 경우 마지막 수단으로 탐정이 투입되는 사례가 늘고 있다. 유흥업소나 사이비 종교의 꾐에 빠져 자발적으로 집을 나간 경우에는 탐정이 신속하게 찾아야 한다. 신체적·정신적으로 큰 피해를 입을 수 있어 응급 구조 차원에서 아이를 찾아야 한다.

또 하나의 사례로 다문화 가정의 실종 사건이 있었다. 시골의 50대 남자가 21세 베트남 부인을 맞이했다. 남자는 정식 허가 업체에 3,000만 원을 주고 베트남에서 맞선을 본 뒤 결혼했다. 결혼 후 6개월 동안 아무 문제 없이 지내다가 베트남 아내가 "잠깐 어디 좀 다녀오겠다"고 며칠 집을 비웠다가 돌아왔다. 그리고 다시 집을 나가더니 돌아오지 않았다.

남자가 일 때문에 며칠 집을 떠났다가 돌아왔을 때 집은 텅 비어 있었다. 고가의 물건들도 사라졌다. 베트남 부인은 남편의 인감증명서와 위임장으로 제3금융권에서 대출까지 받았다. 집을 담보로 한 큰 빚이 생긴 것이다. 경찰이 출국 정지 조치를 했지만 핸드폰이 대포폰으로 바뀌면서 추적이 어려웠다. 시골 경찰이 전국을 돌며 도망간 아내를 찾기는 사실상 불가능하다. 이때 탐정이 투입되었다.

탐정은 다양한 정보원을 활용하여 추적 작업을 시작했다. 최근에는 화교 출신 정보원, 말레이시아 및 인도네시아 출신 정보원, 필리핀 북부와 남부 출신 정보원 등 다문화 전문 탐정들이 활발히 활동하고 있다. 이들은 해당 국가와의 협력을 통해 도주한 여성의 신분을 확인하고 사기 결혼을 밝혀낸 뒤 불법 체류자이거나 노동 목적으로 들어온 이들 사이의 네트워크를 통해 도주한 여성을 추적한다. 보통 두세 달 안에 도주한 여성을 찾고 나면 유흥업소에서 일하고 있거나 한국 남자친구와 함께 살고 있는 경우가 많다. 여성을 찾아낸 후에는 경찰에 인계하여 사법 절차를 밟게 된다. 이러한 다문화 결혼 사기 사건은 비일비재하다.

역으로 한국 남성의 가정 폭력으로 가출한 외국 여성의 사례도 늘고 있다. 한국 남편이 어린 부인을 찾아달라고 탐정을 찾아왔다. 그 여성은 지방의 식당에서 일하며 숨어 지내고 있었다. 그녀는 남편의 상습적인 구타와 성폭력을 견디지 못해 도망친 것이었다. 불법 체류자 신분으로 전환될 수 있음에도 그 여성은 도피한 것이다. 탐정은 그 여성을 외국인 인권상담소와 연결해주고 가정 폭력 피해자로 인정받게 하여 불법 체류자 신분이 아닌 정식 국적을 취득할 수 있도록 도왔다. 탐정은 가해자가 피해자를 찾아달라고 의뢰한 상황에서도 피해자의 인권을 보호해야 할 책임이 있다.

소재 불명인에 대한 소재 파악 의뢰가 늘어나고 있다. 소재 불명은 체류자의 주소지가 갑자기 불분명해진 경우를 말한다. 대개는 빚을 갚지 못하는 상태에서 현금만 들고 사라지는 사례가 많다. 특히 여성 중에는 사치와 소비를 과시하다가 경제적 어려움에 빠져 증발하는 경우가 많다. 이런 경우 채권 추심 업체나 금융사에서 찾으려 해도 단절된 인간관계와 기술의 부재로 인해 찾기가 어렵다.

이러한 상황에서 탐정들이 투입되어 실종자를 찾는다. 빚을 받아내기보다는 극단적인 선택을 방지하려는 목적에서다. 마약과 같은 후천적 정신질환에 의한 실종도 있다. 선천적 정신질환이 아닌 알코올이나 마약에 의해 후천적으로 정신질환이 발병하여 실종되는 경우도 종종 발생한다. 이러한 경우는 특히 찾기가 어려운데도 탐정들은 사건에 뛰어들기도 한다.

우리나라에는 235만 명의 독신 여성이 있다. 이들은 가족과 연락이 단절된 상태에서 마약 중독이나 향정신성 의약품의 오남용으로 인해 실종되는 사례가 발생하고 있으며 탐정들이 이와 관련된 조사 활동을 벌이고 있는 실태다.

'눈먼 돈' 세금 도둑들

 2025년도 대한민국 정부의 예산 총지출 규모는 약 677조 4,000억 원에 이른다. 그중 가장 많은 비중을 차지하는 항목은 사회복지 예산이다. 100조 원이 넘는 금액이 해마다 국민의 삶을 위해 투입된다. 생계가 어려운 국민을 돕고, 사회의 안전망을 유지하며, 누구도 소외되지 않는 공동체를 만들기 위한 기반이 된다. 이는 국민이 낸 세금으로 구성된 사회적 신뢰의 총합이며, 대한민국 복지국가 체제의 근간이다.
 하지만 복지 예산이 커지는 만큼, 그 예산이 제대로 쓰이고 있는지에 대한 물음도 날로 커지고 있다. 사람들은 어느 순간부터 복지 예산을 '눈먼 돈'이라고 부르기 시작했다. 복지 예산을 악용하거나 부정하게 사용하는 사례가 곳곳에서 반복적으로 드러나고 있기 때문이다. 정작 필요한 사람들은 그 도움을 받지 못하는 일이 벌어지고 있다.

사회복지 분야의 구조적 복잡성은 이러한 부정 수급을 더욱 용이하게 만든다. 복지 수혜자의 숫자는 해마다 증가하고 있고 행정 시스템은 점점 더 정교해지고 있지만, 관리 인력이나 감시 체계는 충분히 따라가지 못하는 실정이다. 일부 사람들은 이와 같은 구조적 허점을 이용해 복지 자금을 개인의 이익을 위해 전용하고 있다.

가장 대표적인 예는 노인 요양 보호시설에서 벌어지는 예산 착복과 노인 학대 문제다. 현재 우리나라는 요양 보호시설에 입소한 노인 1인당 약 200만 원 정도의 지원금을 지급하고 있다. 이 지원금은 식사, 건강관리, 복약 지도, 위생 유지, 정서적 돌봄 등을 포함해 전반적인 요양 서비스를 제공하는 데 쓰여야 한다. 하지만 일부 시설에서는 이 자금을 부정하게 사용하거나 심지어 서비스 자체를 제공하지 않은 채 보고서만 조작하는 경우가 적지 않다.

예를 들어 일부 요양시설에서는 정부 보고서에 "어르신들에게 매일 고기가 제공되었고 여름철에는 에어컨을 가동해 시원하게 지냈다"고 기재하지만, 실제로는 어르신들이 고기를 거의 접하지 못하고 에어컨은 비용 절감을 위해 꺼두는 경우가 많다. 더 심각한 문제는 이러한 거짓 보고가 단순한 서비스 누락을 넘어서 노인 학대로 이어지는 경우다. 식사를 제공하지 않거나 욕설과 폭력이 오가는 곳도 있지만 치매로 인해 의사소통이 어려운 어르신들은 그러한 상황조차 인지하지 못한 채 고통을 겪는다.

이러한 범죄의 특징은 범인이 늘 시설 내부에 있다는 점이다. 이사장, 시설장, 회계 담당자, 복지사 등 책임 있는 위치에 있는 사람들이 수혜자 명단을 허위로 작성하거나 실제로 제공되지 않은 서비스를 가짜로 기록해 보조금을 받아낸다. 더욱이 요양시설이라는 특성상 외부의 감시가 쉽지 않다. 어르신의 가족들이 항의하거나 문제를 제기하고 싶어도 감시 속에서 진실을 듣기 어렵고 어르신 스스로가 보복을 두려워해 입을 닫는 경우가 많다. 실제로 어르신들 중에는 학대를 당하고 있음에도 "괜찮다"고 말하는 경우가 많다. 감시받는 상황에서 보호자에게 진실을 말할 수 없는 무력감 때문이기도 하다.

치매 환자들이 거주하는 시설의 경우에는 상황이 더 심각하다. 본인의 권리를 인지하지 못하고 학대나 방임을 당해도 이를 알릴 수 없는 이들이 많기 때문이다. 이들은 보조금 착복의 수단으로만 활용될 뿐, 최소한의 돌봄도 받지 못하고 방치되는 경우가 있다. 보호자조차도 치매라는 특성 때문에 어르신의 상태를 제대로 파악하기 어렵고 결국 해당 시설의 보고서에 의존할 수밖에 없다.

이런 문제는 단지 '돈이 잘못 쓰였다'는 행정적 오류를 넘어, 국가가 보호해야 할 사회적 약자를 대상으로 한 중대한 인권 침해이자 범죄. 정부가 아무리 많은 예산을 편성하더라도 그 예산이 올바르게 쓰이지 않으면 복지 정책은 공허한 구호에 불과하다. 그리고 이로 인해 상처받는 사람들은 늘 가장 약한 위치에 있는 노인, 장애인, 아동 등이다.

복지 예산과 관련된 또 다른 유형의 부정 수급 사례는 이른바 '노숙자 찍어오기' 범죄다. 정부로부터 더 많은 지원금을 받아내기 위해 실제보다 많은 수혜자를 허위로 등록하거나 단기적으로 노숙인을 데려와 사진을 찍고 지원금을 신청하는 방식이다. 겉보기에 이들은 복지 시스템을 통해 보호받고 있는 듯하지만 실제로는 최소한의 식사와 잠자리조차 제공받지 못한 채 지원금만 빼앗긴다. 이러한 방식으로 보고된 허위 수혜자는 실제 복지 데이터에 반영되어 국가 정책에도 왜곡을 초래한다.

이 모든 사례가 시사하는 바는 명확하다. 복지 예산의 부정 사용은 단순한 경제적 손실이 아니라 사회정의를 해치고 사회적 약자를 이중으로 착취하는 범죄다. 예산이 잘못 사용되면 그 피해는 고스란히 복지 서비스를 받아야 할 사람들에게 돌아간다. 그것은 결국 국민 전체의 신뢰를 무너뜨리고 복지 시스템의 근간을 흔들 수 있는 위험 요소다.

이러한 문제를 해결하기 위해서는 행정 시스템의 강화와 감시 체계의 확충이 필요하지만 그보다 더 중요한 것은 우리 사회가 복지 예산에 대한 감시와 투명성 확보를 공동의 책무로 인식하는 태도 변화다. 공공자금은 모두의 것이며, 이를 악용하는 것은 단순한 행정상의 문제가 아니라 국민의 권리를 훼손하는 일이다. 따라서 사회 구성원 모두가 이 문제에 관심을 갖고, 부정 사용을 감시·고발할 수 있는 시스템을 만드는 것이 절실하다.

　　공익 탐정들은 복지 대상자의 권리를 대변할 수 있는 제3의 눈으로 활동한다. 가족이 없는 노인, 의사 표현이 어려운 치매 환자, 사회적 보호망에서 벗어난 노숙인 등은 스스로의 권리를 주장하기 어렵다. 그들 대신 진실을 들여다보고, 이상을 감지하고, 문제를 제기하는 감시자가 없다면 복지 예산의 부정 사용은 앞으로도 계속될 수밖에 없다.

　　복지 정책은 우리 사회의 인간다운 삶을 위한 최소한의 안전망이다. 그 안전망이 허술하게 짜여 있다면 언젠가는 우리 모두가 그 구멍에 떨어질 수 있다. 누군가는 그 구멍을 메우기 위해 나서야 하고, 그 역할은 단지 국가 기관이나 행정 당국만의 몫이 아니다. 복지 예산의 의미를 되새기고 그 예산이 진정 필요한 이들에게 올바르게 전달되는 구조를 만들기 위해 우리는 지금보다 더 깊은 관심과 감시의 눈을 가질 필요가 있다.

　　최근 우리나라에도 사회복지 부정 수급 탐정 제도가 도입되었다. 사회복지 부정 수급 사건이 증가하면서 미국에서는 경찰이 모든 사건을 조사하기 어려워졌고 대신 탐정들이 활동하기 시작했다. 예를 들어 비장애인이 장애인 차량 스티커를 가짜로 만들어 장애인 주차 구역에 주차하는 경우 이를 찾아내는 탐정들이 생겨났다. 그들은 사회복지 서비스나 혜택을 부정하게 받는 사람들을 조사하고, 부정 수급을 막기 위해 활동하고 있다.

전문 탐정이 필요한 한국 사회

한국의 사회구조가 복잡해지고 범죄 수법이 점점 지능화하면서 피해의 형태가 눈에 보이지 않게 변하고 있다. 전문 지식 기반의 분석과 판단 능력이 필요한 영역으로 진화하고 있다. 선진국을 중심으로 이러한 흐름 속에서 등장한 것이 바로 '전문 탐정'이다. 특정 분야의 구조, 언어, 법적 기준에 대한 이해를 바탕으로 해당 영역에서 발생하는 문제를 해결하는 데 특화된 탐정이다. 한국도 이미 이런 전문 탐정이 필요한 사회가 되었다. 여기서는 각 분야에서 활동하고 있는 전문 탐정들을 통해 우리 사회의 면면을 들여다보고자 한다.

보험 탐정

우리나라에서 보험 범죄는 끊이지 않고 발생하며, 그

중에서도 특히 자동차 사고를 중심으로 한 보험 사기가 가장 비중이 크다. 자동차 사고의 고의 유발, 피해 과장, 병원 치료비 부풀리기, 허위 장애 진단 등은 비교적 흔하게 발견되는 수법이다. 이런 보험 사기를 탐지하고 조사하기 위해 등장한 것이 바로 보험 탐정이다. 그들은 보험 범죄를 예방하고 적발하며 궁극적으로는 보험 시스템의 신뢰성을 유지하는 데 핵심 역할을 한다.

보험 탐정의 역사는 오래되었지만 우리나라에서 이들의 활동이 제도적으로 인정받은 것은 비교적 최근 일이다. 2020년 정부가 민간 탐정 활동을 공식적으로 허용하면서 '보험 탐정'이라는 개념도 제도권 안에 들어오게 되었다. 그러나 그 이전에도 보험 범죄에 대응하는 전문 인력은 존재했다. 바로 'SIU(Special Investigation Unit: 특별조사부서)'가 그 주체였다. 보험사 내부에 설치된 이 부서는 보험 관련 범죄 의심 사례를 전문적으로 조사하는 탐정 조직으로 기능해왔다.

SIU는 단순히 보험사의 내부 감사 조직이 아니다. 이들은 사고 현장을 조사하고, 병원 진료 기록을 검토하며, 필요에 따라 경찰과 협력해 형사 고발까지 진행하는 사실상 '보험 수사 탐정'의 역할을 수행해왔다. 우리나라에서는 1960년대부터 보험 범죄가 사회문제로 대두되었지만 당시 경찰은 모든 보험 사기를 수사하기에는 인력적으로 한계가 있었다. 보험사들은 자체적으로 전문 조사관을 고용해 의심 사례를 조사하고 경찰에 자료를 제공하는 방식으로 대응해왔다. 이러한 구조는 오랫동안 유지되다가 민간 탐정 제도가 일부 제도화되면서 탐정의 공식적인 역할 범주로 흡수되기 시작했다.

보험 사기가 발생하면 한 명의 범죄자가 단기적으로 금전적 이득을 얻는 대신 부담이 다수의 선량한 보험 가입자에게 전가된다. 보험료 상승, 제도 운영의 비효율성, 보험금 지급 지연 등이 대표적인 피해다. 보험 탐정이 수행하는 조사는 수십만 명, 수백만 명의 피해를 예방하는 공공적 기능을 갖는다.

미국이나 영국에서는 보험 범죄를 전문으로 다루는 탐정을 'IPI(Insurance Private Investigator)'라고 부르며, 이들은 민간 보험사뿐 아니라 공공 보험 제도에도 관여하여 사회의 투명성과 정의 실현에 기여하는 전문가로 평가받고 있다.

우리나라에서도 보험 탐정의 전문성이 점차 강화되고 있다. 2024년 기준으로, 생명보험사 19곳, 손해보험사 14곳 등 대부분의 보험사가 자체 SIU를 운영하고 있으며, 각 부서마다 전문 인력들이 배치되어 활동 중이다. 특히 삼성화재는 총 51명의 SIU 전담 인력을 보유하고 있으며, 이 중 36명은 실제 현장에서 조사 업무를 수행하는 실무자들이다. 이들 중 상당수가 전직 경찰 수사관이나 검찰청 수사관 출신이며, 일부는 교통안전공단의 교통사고 조사원, 종합병원의 의무 기록 담당자 등 매우 다양한 경력을 가진 전문가들로 구성되어 있다. 보험 탐정의 업무는 의학 지식, 교통 공학, 문서 분석, 진술 분석 등 복합적인 전문 역량을 요구하는 고차원의 업무다.

보험 범죄는 사기 범죄 중에서도 구조적이고 지능적인 유형이 많다. 허위 교통사고 공모, 병원·한의원과의 담합, 가짜 진단서 발급, 고의적 파손, 허위 도난 신고 등은 개인이 단독으로 기획하기보다는 복수의 이해관계자가 공모하는 경우가 많다. 이런 범죄의 실체를 파악하려면 범행 동기, 관계망, 재정 흐름 등을 종합적으로 분석하고 보험 시스템 전반에 대한 이해가 있어야만 비로소 진실에 접근할 수 있다.

보험 탐정은 사후 조사뿐만 아니라 사전 예방 활동과 제도 개선 제안에도 기여한다. 특정 유형의 사기가 반복되거나 특정 병원 또는 정비소에서 이상 징후가 포착되면 이를 보험사 내부에 보고하고 필요시 제도 개선이나 보장 내용 조정 등의 정책적 조치를 유도한다. 보험 제도의 신뢰성 회복, 국민의 권익 보호, 공정한 시장 환경 유지라는 측면에서 보험 탐정의 역할은 앞으로 더욱 확장될 필요가 있다. 그 중심에는 사회구조를 이해하고, 제도의 허점을 꿰뚫어 보며, 진실을 추적하는 지식 기반의 전문 탐정이 있어야 한다.

사이버 탐정

21세기의 범죄는 눈에 띄지 않는다. 인터넷이라는 가상의 공간, 수많은 기기가 연결된 전자 네트워크 속에서 조용히 일어난다. 정보통신기술의 급속한 발전은 인간의 삶을 편리하게 만들었지만 동시에 사이버 범죄라는 새로운 위협을 만들어냈다. 사이버 범죄는 기존의 범죄와는 다른 양상을 보인다. 범인은 현장에 남아 있지 않고, 흔적도 서버 너머로 감춰지며, 수사기관이 도달하기 어려운 국경 바깥에서 조종된다. 컴퓨터 사회 기반 시설을 노리는 사이버 테러, 시스템 해킹, 지식재산권 침해, 개인·공공정보의 유출 및 오남용, 불법 음란물 유통, 온라인 사기, 명예훼손, 전자상거래 침해 등 디지털 공간에서 벌어지는 범죄는 무한한 확장성과 복잡성을 띠고 있다.

이 새로운 범죄 유형에 어떻게 대응해야 할까? 기술의 진화 속도는 너무 빠르고, 사이버 범죄의 수법은 날이 갈수록 정교해지고 있으며, 범죄 건수에 비해 수사 인력은 턱없이 부족하다. 또한 사후 수사 중심의 국가 시스템으로는 디지털 공간에서 벌어지는 범죄를 예방하고 대응하는 데 구조적 제약이 따른다.

인공지능과 정보기술의 급속한 발전은 인간의 삶을 근본적으로 변화시켰다. 동시에 새로운 사회문제를 양산하고 있다. 인터넷이 실시간으로 연결된 디지털 환경은 정보의 생산·유통·소비 구조를 혁신적으로 바꾸었지만 그 이면에서는 개인정보 유출, 디지털 명예훼손, 온라인 사기, 불법 도박, 지식재산 침해와 같은 신종 범죄가 급증하는 실정이다. 이러한 상황에서 사이버 공간의 사건 사고를 전문적으로 다루는 '사이버 탐정Cyber Private Investigator'의 필요성이 대두되고 있다.

디지털 명예훼손은 온라인상에서 개인이나 단체의 명예를 훼손하는 행위로, 흔히 SNS, 커뮤니티 게시판, 익명 앱 등을 통해 무차별적으로 이루어진다. 특히 연예인이나 정치인처럼 사회적으로 노출이 많은 인물일수록 악성 루머, 합성 이미지, 왜곡된 보도 등으로 인한 피해를 자주 겪는다. 이른바 '디지털 린치'라 불리는 사이버 집단 공격은 피해자의 정신적 고통을 극대화하며, 심한 경우 자살로 이어지는 참극도 발생한다.

이러한 디지털 명예훼손은 '정보통신망 이용촉진 및 정보보호 등에 관한 법률' 제70조에 따라 형사처벌 대상이 되지만 수사기관의 사건 처리 속도와 피해자의 기대 사이에는 상당한 괴리가 존재한다. 비대면성과 익명성이 보장되는 온라인 환경에서 가해자 특정이 어렵고 증거 수집도 쉽지 않기 때문이다. 특히 다수가 집단으로 가해 행위에 가담하는 경우 피해 사실을 입증하는 것조차 불가능에 가깝다.

사이버 탐정은 게시글과 댓글, 계정 활동 기록, 디지털 로그 등 기술적 흔적을 추적하고, 가해자 특정 및 법적 대응을 위한 자료를 체계적으로 수집한다.

사이버 탐정은 다양한 기술적 소양과 정보 보안 역량을 갖춘 전문 인력이다. IP 추적, 메타데이터 분석, 포렌식 복구, 다크웹 탐지, 디지털 로그 분석 등 고도화된 기술을 활용해 사건의 실체를 규명한다. 한 중소 IT기업의 핵심 기술이 경쟁사에 유출된 사건에서 사이버 탐정이 사내 네트워크 접근 로그와 퇴사자 계정 활동을 분석해 외장 저장 매체 사용 흔적을 밝혀낸 사례가 있었다.

이메일 위장 사기BEC, 피싱 링크, 해킹 프로그램 삽입 등 다양한 수법에 대한 조사와 경보 시스템 설계, 보안 프로토콜 개선까지 지원하며, 사이버 보안의 민간 파트너로서의 역할도 수행하고 있다.

또 다른 심각한 사이버 범죄로는 온라인 불법 도박이 있다. 한국의 온라인 도박 시장은 수조 원 규모로 추산될 정도로 거대하다. 대부분 해외 서버를 기반으로 운영되어 추적이 어렵다. 사이버 탐정은 이런 범죄의 전모를 파악하고 불법 도박 플랫폼의 운영자, 홍보책, 자금 흐름을 추적하는 데 중요한 역할을 한다. 보이스피싱과 연계된 도박 사이트 운영 조직을 추적해낸 탐정의 사례가 보고되면서 경찰도 탐정과의 정보 공유 및 협력을 강화하고 있다. 최근 법원은 사이버 탐정이 수집한 디지털 자료를 정식 증거로 인정하는 경우가 늘어나고 있다. 공권력의 사각지대를 메우는 '제3의 수사자'가 사이버 탐정이다.

지금 우리가 살고 있는 시대는 '정보화 사회'이면서 이면은 '정보 범죄의 사회'다. 디지털 공간에서의 정의는 자동적으로 실현되지 않는다. 그것은 결국 누군가가 그 어두운 틈을 추적하고 복잡한 코드 속에서 진실을 끌어내야 가능한 일이다. 바로 그 일을 하는 사람들이 사이버 탐정이다.

자동차 탐정

2024년 기준 우리나라에는 약 2,500만 대의 자동차가 등록되어 있다. 사실상 대부분의 가정이 1~2대의 차량을 보유하고 있는 셈이다. 자동차는 가족의 일상과 경제활동, 사회적 지위까지 반영하는 물리적 자산이다. 이 자산이 조용히 사라지는 '자동차 절도'는 꾸준히 발생하고 있다.

1980~90년대까지만 해도 한국 사회에서 차량 도난 사건은 지금처럼 심각한 문제가 아니었다. 당시만 해도 차량을 훔쳐 달아나더라도 우리나라의 지리적 특성상 차량을 외국으로 반출하는 것은 매우 어렵고 드물었다. 1990년대 후반부터 상황이 급격히 달라졌다. 국제 물류와 무역, 수출입 절차가 간소화되면서 도난 차량이 해외로 유출되는 사례가 급증하기 시작했다.

차량을 분해하여 부품별로 밀수 출하한 뒤, 해외에서 다시 조립하거나 중고 부품으로 판매하곤 한다. 특히 중동 지역이나 동유럽 등에서는 이런 방식으로 고급 외제 차량이 '재탄생'되어 불법 거래되는 일이 빈번히 발생했다. 도난 차량이 국내에서 '사라지고 끝'나는 것이 아니라 국제 범죄조직의 수단으로 활용되기 시작한 것이다.

자동차 탐정은 도난 차량의 추적, 절도범 및 범죄 조직의 조사, 밀수 경로 분석, 중고 차량 거래 이력 추적 등 자동차 관련 범죄 전반을 전문적으로 다룬다.

자동차 탐정은 차량의 고유번호VIN(Vehicle Identification Number), 블랙박스 데이터, GPS 신호, 방범용 CCTV, 통신망 접속 기록, 블루투스 기록, 정비 이력 등 각종 정보를 종합하여 차량의 마지막 위치와 이동 경로를 재구성한다. 또한 중고차 거래 시장과 수출입 통관 내역, 창고 보관 이력 등을 조사하며, 차량이 분해되어 부품으로 나뉘었을 가능성까지 고려하여 '자동차의 죽음과 환생' 전 과정을 추적한다.

최근에는 차량 내부의 전자 장치와 네트워크 시스템의 발전으로 인해 차량도 하나의 디지털 기기처럼 취급되고 있다. 최근 고급 차량에는 위치 추적을 우회하는 'GPS 재지정' 기능이나 차량의 원격 접속을 차단하는 '신호 교란기' 등이 불법적으로 설치되어 도난을 은폐하는 사례가 있다. 자동차 탐정은 이런 기술적 방해 요소를 극복하기 위해 컴퓨터공학, 전자통신, 기계공학 등 다양한 배경을 가진 전문가들과 협력하며 조사에 임한다.

종종 세관이 수입 또는 수출 과정에서 의심스러운 차량 부품의 불법 반·입출을 적발하는데, 그 출발점이 바로 탐정의 고발에 의한 단서 제공인 경우도 있다. 자동차 탐정은 단독으로 사건을 해결하는 것이 아니라 공공기관과의 협력 구조 속에서 실효성 있는 범죄 대응 체계를 만들어가고 있다.

이들의 활동은 고급 차량 한 대를 되찾는 수준을 넘어

선다. 자동차 도난 사건은 종종 대규모 절도 조직, 불법 유통망, 해외 재조립 네트워크 등과 연결되어 있기 때문이다. 한 건의 도난 사건이 수십억 원 규모의 조직범죄 실체를 드러내는 열쇠가 되기도 한다. 이러한 점에서 자동차 탐정은 현대판 범죄 탐색가이자 국제 조직범죄를 추적하는 민간 정보 분석가로서 중요한 사회적 기능을 수행하고 있다. 자동차 탐정은 사고 후 대응이 아니라 '사고를 줄이는 사전적 예방 기능'으로 연결되기 때문이다.

특정 지역이나 차종에서 유난히 도난 사건이 자주 발생한다면 그 원인을 분석해 차량 소유자들에게 경고하고 예방 조치를 제안한다. 일부 보험사나 리스 업체에서는 자동차 탐정과 협업해 신차 출고 이후 일정 기간 동안 차량 상태를 감시하거나 도난 리스크가 높은 고객군을 모니터링하는 제도를 운영하고 있다. 현재 우리나라의 자동차 탐정 중에는 전직 경찰, 교통안전공단 교통사고 조사원, 보험사 SIU 출신, 자동차 기술사 또는 정비 관련 전문가들이 많다.

교통사고 탐정

도로 위에서는 매일 수천 건의 사고가 일어난다. 도심 속 신호등 앞, 고속도로의 곡선 구간, 교차로의 사각지대에서 발생하는 이 사고들은 단 한 번의 충돌로 생명을 앗아가기도 하고, 때로는 평생의 후유증을 남기기도 한다. 교통사고는 단순한 사건이 아니다. 그것은 사람의 실수, 기술의 한계, 사회적 인프라의 문제, 그리고 때로는 판단 착오와 조작이 얽힌 복합적인 사건이다. 이런 사고를 해결하는 일은 단순히 '누가 잘못했는가'를 밝히는 것이 아니라 사고가 어떻게 일어났는지를 과학적이고 논리적으로 해명하는 일이다. 그 중심에서 교통사고 조사 탐정이 활동하고 있다.

전통적으로 교통사고의 조사와 분석은 경찰청의 교통사고조사계, 도로교통공단, 보험사의 손해사정팀, 또는 '도로교통사고 감정사', '교통사고 분석사' 등 전문 자격을 가진 기술자들에 의해 수행되어왔다. 이들은 현장 사진, 차량 파손 부위, 블랙박스 영상, CCTV 자료, 제동 거리 등을 바탕으로 사고의 원인과 책임 소재를 판단해왔다. 그러나 교통사고 발생 건수는 지속적으로 증가하는 반면, 이를 담당할 수 있는 인력은 절대적으로 부족하다.

특히 사고가 복잡한 상황에서 발생한 경우, 가해자와 피해자의 진술이 서로 충돌하거나 결탁의 가능성이 있는 경우, 목격자가 없거나 기억이 명확하지 않은 경우 진실은 종종 왜곡되거나 은폐된다. 이럴 때 물리학적 사고 분석, 공학적 계산, 데이터 포렌식, 심리학적 요소까지 동원해 사건을 재구성하기 위해 교통사고 조사 탐정이 활동한다.

교통사고 탐정은 하나의 충돌 사건을 '과학적으로 읽는 사람'이다. 차량의 속도, 방향, 충격 강도, 노면 상태, 운전자의 반응 시간, 주변 환경과 조도, 시야 확보 가능성 등 다양한 요소를 변수로 설정하고 시뮬레이션과 데이터 분석을 통해 사고를 재현해낸다. 이는 단순한 추론이 아니라 물리학, 동역학, 공학적 모델링을 기반으로 한 정교한 과학 수사다. 특히 차량의 이동 궤적과 충돌 각도를 분석해 '누가', '어떻게', '어느 시점에', '무엇을' 잘못했는지를 입증하는 과정에는 일반인이 상상하기 어려운 고도의 전문성이 요구된다.

교통사고 탐정의 활동은 현장에서 시작해 법정까지 이어질 수 있다. 많은 경우 사고의 원인을 다투는 민사 또는 형사소송에서 교통사고 분석 보고서가 결정적인 증거로 채택되기도 한다.

또한 교통사고 탐정은 사고를 예방하고 구조적으로 반복되는 위험 요인을 파악하는 '사고 예방 전문가'로서의 역할도 수행한다. 특정 교차로에서 사고가 반복된다면 탐정은 구조적 문제를 분석하고, 지자체나 도로관리기관에 개선을 건의할 수 있으며, 보험사와 협력하여 고위험 운전자나 사고다발 지역의 통계를 제공하는 데이터 분석 파트너로 활동하기도 한다.

교통사고 탐정은 도로교통법, 보험 제도, 손해사정 기준에 대한 지식은 물론이고 물리학(운동학), 기계공학, 현장 감식 기술, 심리학적 면담 능력 등 다학제적 역량이 요구된다. 최근에는 블랙박스, 도로 CCTV, 위치 기반 서비스 등으로 확보되는 데이터의 양이 방대해짐에 따라 디지털 포렌식 기술과 데이터 분석 능력도 필수적인 역량이 되었다.

현재 활동 중인 교통사고 탐정들은 대부분 전직 교통경찰, 교통안전공단의 사고 분석 전문가, 보험사 손해사정인, 정비 기술자, 법률 전문가 등 해당 분야에서 오랫동안 실무 경험을 쌓은 사람들이다.

우리는 일상 속에서 교통사고를 쉽게 접한다. 뉴스 속의 수치로, 차량 보험료의 인상으로, 혹은 가까운 이웃의 안타까운 이야기로. 그 사고 이면에 숨어 있는 '진짜 원인'을 파헤치고 그 충돌이 남긴 흔적을 과학적으로 분석하는 이들이 교통사고 조사 탐정이다. 사람과 차량이 만나는 모든 길 위에서 진실을 추적하는 사람이다.

지식재산권 탐정

한국은 세계적으로 저작권 침해가 심각한 국가 중 하나로 분류되고 있다. 2023년 한국저작권보호원 보고서에 따르면, 지식재산권 침해 건수는 매년 증가 추세다. 특히 인터넷 기반의 음악, 영상, 도서 등의 불법 유통은 국내외 저작권자들에게 큰 피해를 입히고 있다. 이로 인해 대한민국은 주요 저작권 감시국Priority Watch List으로 지정되기도 했다. 이는 국가 이미지뿐 아니라 국내 콘텐츠 산업의 글로벌 경쟁력에도 악영향을 미친다.

최근 '지식재산권(지재권) 탐정'이라는 새로운 전문가의 등장이 주목받고 있다. 지식재산권 탐정은 저작권, 상표권, 디자인권, 특허권 등 지식재산권 전반에 대한 이해와 해당 분야의 기술 구조, 디지털 포렌식 기술, 온라인 콘텐츠 유통 경로에 대한 분석 역량을 두루 갖춘 전문인이다. 누군가 음원을 무단으로 편곡해 유튜브에 올렸다면 지재권 탐정은 업로드 시점, 편곡의 구조적 유사성, 원본과의 차이, 유통 경로를 파악하고 필요한 자료를 수집해 권리자에게 제공한다. 이러한 정보는 이후 민사소송의 핵심 증거로 활용될 수 있으며, 형사고발 시에도 경찰이나 검찰 수사에 실질적인 도움을 준다.

지식재산권 침해의 증거 수집은 단순한 관찰로는 어렵다. 불법 콘텐츠는 VPN을 이용해 해외 서버에 은닉되거나 디지털 발자국을 조작해 흔적을 지우려는 시도가 많다. 이를 추적하고 분석하려면 사이버포렌식Cyber Forensics 기술과 온라인 정보 추적 능력이 필수적이다.

더불어 지재권 분쟁은 대부분 민사소송을 통해 해결되는데, 이 과정에서 피해자가 직접 침해 사실을 입증해야 하는 구조다. 이른바 '소송 당사자주의'가 적용되기 때문이다. 이에 따라 저작권자나 기업은 소송 전에 증거를 수집하고 정리하는 과정이 필요하다. 법원은 2007년 이후 당사자가 수집한 증거의 법적 효력을 인정하는 방향으로 판단을 내리고 있으며, 이로 인해 탐정이 확보한 증거가 소송의 핵심 근거가 되는 경우가 많아졌다.

이러한 흐름을 반영하듯이 2023년 4월 6일 문화체육

관광부 산하 한국저작권보호원은 민간 탐정과 협업할 수 있는 제도적 기반을 마련하기 위한 1차 회의를 진행했다. 회의에서는 저작권 관련 교육, 민간 자격증 공동 운영, 불법 저작물 단속 및 폐기 활동 등에서 탐정협회 회원이 협력할 수 있는 방안이 중점적으로 논의되었다. 국가 차원에서도 지식재산권 보호에 있어 탐정의 전문성과 실무적 역량을 인정하고 필요로 한다는 증거다.

해외에서는 지식재산권 탐정이 이미 널리 활용되고 있다. 미국, 독일, 일본 등 선진국에서는 특허 분쟁이나 상표권 침해에 대한 사전조사, 산업 스파이 탐지, 모조품 유통 실태 파악 등에 탐정을 적극적으로 활용하고 있다. 탐정이 수집한 자료는 법정에서 강력한 증거로 채택된다.

특히 AI, 메타버스, NFT(Non-fungible token: 대체 불가능 토큰), 블록체인 기술이 일상화되는 시대에는 지식재산의 정의와 보호 방식 또한 급변하고 있다. 예컨대, 인공지능이 만든 창작물의 저작권을 누구에게 귀속시켜야 할지, NFT가 포함된 디지털 콘텐츠의 복제와 권리는 어떻게 다뤄야 할지에 대한 사회적 논의가 활발하다. 이 과정에서 탐정은 새로운 권리 침해 유형에 대한 실태 파악과 대응 전략 수립에 중요한 민간 정보 전문가로 기능할 수 있다.

지식재산권 탐정은 문화 산업과 창의 경제의 기반을 지키는 지식 수호자다. 창작자의 정당한 권리를 회복시키고, 더 나은 법질서를 세우는 데 기여하고 있다. 아이디어가 무기가 되고 창작물이 곧 경제 자원이 되는 시대, 눈에 보이지 않는 자산을 지키기 위한 지식재산권 탐정이 절실해졌다.

부동산 탐정

대한민국에서 가장 확실한 자산은 여전히 '부동산'이다. 대한민국의 삶은 부동산을 중심으로 움직인다. 하지만 부동산을 둘러싼 정보의 비대칭성과 제도의 허점은 때때로 개인의 삶을 무너뜨리는 심각한 피해로 이어지곤 한다. 최근 악성 임대사업자, 기획부동산 사기, 허위 과장 광고 등의 범죄가 급증하면서 부동산 시장은 복잡한 이해관계와 범죄 위험이 얽힌 문제 영역이 되었다.

일반적인 부동산 중개인은 서류상으로 등기부등본을 확인하고, 시세와 거래 조건을 안내하며, 계약을 중개하는 역할을 수행한다. 문제는 서류로 확인할 수 없는 진실이 거래의 본질을 뒤흔드는 경우다. 부동산 등기상 명의자 외에 실제 점유자가 따로 있어 분쟁이 생기거나 허위로 조작된 토지 정보 탓에 수억 원의 피해가 발생하는 경우, 또는 계약을 체결했지만 상대방의 신원이 가짜이거나 소송 중인 물건임을 사전에 확인하지 못해 피해가 커지는 사례가 반복되고 있다.

부동산 탐정은 서류에 드러나지 않는 사실을 확인하고

위장된 구조 뒤에 숨어 있는 실체를 파악하는 역할을 한다. 해당 부동산의 실소유자 여부, 알박기 존재 유무, 유치권 주장 가능성, 등기 외 소송관계, 심지어 해외 도피 중인 채무자의 부동산 은닉 여부까지 조사한다.

최근 기획부동산 사기가 사회문제가 되곤 한다. 기획부동산 사기꾼은 투자자들에게 장밋빛 미래를 제시하며 사실상 개발 가능성이 전무한 땅을 쪼개어 고가에 판매한다. 등기상 아무 문제가 없어 보이지만 실제로는 도로 진입이 불가능하거나 도시계획상 개발이 불가하거나 법적으로 분할이 불가한 땅이 대다수다. 이런 상황에서 부동산 탐정은 현장 조사와 항공사진 비교, 공공기관 확인, 주변 필지 분석, 과거 거래 내역 추적 등을 통해 해당 부동산의 위험성을 밝혀낸다.

또한 부동산 허위 광고와 임대차 사기도 빈번하다. 동일한 부동산을 여러 명과 중복 계약하거나 실체가 없는 방을 허위로 게시한 뒤 계약금을 편취하는 방식이다. 이 경우에도 탐정은 온라인 게시물 IP 추적, 계좌 추적 협조, 주변 목격자 탐문 조사 등을 통해 피해자를 위한 증거를 수집하고 추후 민사소송이나 형사고소 시 핵심 자료를 제공한다.

실제로 부동산 탐정은 일반인의 의뢰뿐 아니라 변호사의 요청에 따라 소송 증거를 확보하는 조력자로 더 활발히 활동하고 있다. 법조계에서도 '문서'보다 '사실'이 중요하기에 현장 기반의 정보 수집이 결정적 역할을 한다. 소송 당사

자주의 체계하에서는 변호인도 사건의 실체를 파악하기 위해 직접 증거를 수집해야 하는데, 이때 법률적 문제의 소지를 피하면서 조사할 수 있는 부동산 탐정이 투입된다.

일반적으로 부동산 탐정의 주요 조사 대상에는 ① 무등록 기획부동산의 실체 파악 및 고발, ② 부동산의 실소유권자 확인 및 위장 명의 조사, ③ 부동산 점유 현황, 불법 알박기 여부, ④ 부동산과 관련된 채권·채무, 소송 내역 조사, ⑤ 유치권자의 존재 및 불법성 확인, ⑥ 부동산 채무자의 소재 및 재산 은닉 여부, ⑦ 해외로 도피한 채무자의 국내 부동산 자산 추적 등이 포함된다. 모두 단순한 인터넷 검색이나 서류 발급으로는 확인할 수 없는 정보다. 현장 조사력, 관련 법률 이해, 관계 기관 협조 네트워크를 갖춘 전문가의 개입이 필수적이다.

더불어 부동산 탐정은 투자 전 위험 요소를 진단하거나 계약 전 상대방의 신원 및 법적 분쟁 여부를 사전 파악한다. 최근에는 법무법인 내에서 부동산 전문 탐정과 계약을 체결하거나 부동산 관련 자문회사에서 자체 조사팀을 운용하는 사례도 늘고 있다.

'보이지 않는 위험'을 파악하는 일이야말로 탐정의 본질이다. 등기부에 나오지 않는 진실, 현장에서만 알 수 있는 사실, 사람들의 말 속에 감춰진 거짓. 이 모든 것을 추적해나가는 것이 부동산 탐정의 임무다. 우리는 더 이상 등기부 한 장만 믿고 수억 원의 거래를 할 수 없는 시대를 살고 있다.

그 틈을 메우는 이가 부동산 전문 탐정이다.

실종자 추적 탐정

사람이 사라진다. 누구에게도 말하지 않고, 흔적도 남기지 않고. 실종의 이유는 단 하나로 단정할 수 없다. 치매를 앓는 노인이 갑자기 집을 나간 경우부터 가정 폭력으로부터 도망친 청소년, 감당할 수 없는 채무에서 벗어나고 싶은 가장, 또는 범죄 피해를 입은 사람의 강제 실종까지. 현대사회에서 실종은 단순한 해프닝이 아니라 생명과 존엄을 지키기 위한 시급한 사회적 보호 시스템의 시험대다.

실종자 추적 탐정은 '사라진 사람을 찾는 것'을 임무로 한다. 단순한 위치 파악이나 동선 추적에 그치지 않는다. 왜 사라졌는지를 밝히고 실종자가 무사히 돌아올 수 있도록 정서적, 법적, 물리적 안전망을 연결하는 것이 핵심이다. 이는 매우 섬세하고 복합적인 조사 과정을 요구한다.

실종자를 주로 추적하여 찾아내는 탐정의 주요 업무는 다음과 같다. 첫째, 실종자의 마지막 행적(CCTV, 카드 사용, SNS 활동 등)을 확인한다. 이때 실종자가 사라진 장소와 시점부터 추적을 진행한다. 둘째, 1차, 2차, 3차로 나뉜 지인 탐문 및 갈등 구조를 분석한다. 1차 지인은 항시 보는 가장 가까운 지인, 2차는 업무 등으로 인해 자주 만나는 지인, 3차는 가끔 연락하거나 만나는 지인이다. 셋째, 범죄(스토킹, 가정 폭력, 금전 갈등 등) 연계 가능성을 조사한다. 일부 실종자가 범죄와 연루되어 실종되는 경우가 있기 때문에 이루어지는 조사다. 넷째, 지문, DNA, 치매 등록 정보 등과의 매칭 분석을 진행한다. 다섯째, 현장 재조사 및 심리적 프로파일링을 통한 의도 파악을 한다. 마지막 여섯째, 경찰 또는 공공기관과 협업하거나 증거를 제공한다.

    가족들이 실종자의 생사조차 확인할 수 없는 상황에서 탐정은 마지막 희망이 되기도 한다. 경찰의 실종 인계 검색 기간이 종료되었거나 일상적인 실종 신고로 분류되어 적극 수사를 받지 못할 경우 탐정이 대체적 조사 주체로서 나설 수밖에 없다.

    실종자 탐정의 조사 방식은 실종자의 유형에 따라 크게 달라진다. 치매 노인의 실종은 시간과의 싸움이다. 치매는 방향 감각 상실, 기억 상실, 판단력 저하 등의 특징이 있으므로, 실종 직후 한두 시간 안에 탐문 및 CCTV 확보가 이루어지지 않으면 실종자의 생명이 위험할 수 있다. 탐정은 지역 내 병원, 약국, 편의점 등을 탐문하고 교통카드 사용 내역, 도보 이동 경로를 빠르게 확인하며 과거 실종 패턴이나 노인의 행동 특성도 함께 분석한다.

    반면 청소년 가출은 '자의적 실종'으로 분류되지만 실제로는 가정 내 학대, 사이버 괴롭힘, 금전 갈등 등이 원인이 되는 경우가 많다. 이때 탐정은 SNS상의 대화, 디지털 포렌식, 통화 내역 분석, 친구 관계 탐문 등을 통해 실종자의 심리적 상태와 이동 가능 경로를 추적한다. 종종 가출 청소년이 범죄에 연루되거나 이용되는 경우도 있기에 탐정의 개입은 범죄 예방의 의미도 크다.

한편 사이버 스토킹, 데이트 폭력 등으로 인한 실종은 특히 조심스럽다. 피해자가 범죄에 대한 두려움 때문에 자발적으로 도피했다면 탐정의 조사 역시 2차 피해가 발생하지 않도록 신중하고 윤리적으로 이루어져야 한다. 이 경우에는 피해자의 안전이 최우선이며, 무엇보다 의뢰인이 가해자가 아닌지 확인하는 절차도 필요하다.

실종자 탐정은 개인정보보호법, 통신비밀보호법, 위치정보보호법 등 관련 규제가 많기 때문에 법적 테두리 안에서 움직이기 위해 고심한다. 불법적인 방법으로 정보를 취득하거나 과도한 사생활 침해가 있어서는 안 된다. 합법적이고 공익적인 방식으로 정보를 수집하며, 경찰 수사에 대한 협조나 피해자 보호를 위한 간접적 개입도 함께 이루어진다.

2020년부터 한국에서 탐정 활동이 허용되면서 '실종자 탐정'들이 활동 중이다. 이들 중에는 경찰 출신, 심리상담 전문가, 지역 네트워크를 잘 아는 인물 등이 포함되어 있다.

탐정은 단순히 사람을 찾는 사람이 아니다. 실종자 가족에게 탐정은 현실에서 움직여주는 유일한 '조력자'이자 기다림을 견딜 수 있게 해주는 '희망의 상징'이다. 경찰은 시간과 예산의 한계 속에서 표준 절차만을 따를 수밖에 없지만 탐정은 사안에 따라 더 유연하고 지속적인 접근이 가능하다. 또한 가족이 감정적으로 어려움을 겪는 상황에서 상담자, 법률 정보 제공자, 심리적 지지자로서 기능한다.

실제로 국내에서 발생한 여러 실종 사건에서 탐정이 실종자를 조기에 찾거나 사건의 실체를 밝혀 형사사건으로 전환된 사례가 다수 있다. 특히 청소년 가출 사건에서 SNS 메시지 추적, 일시적 거주지 확인, 관계인 설득 작업 등은 가족이나 경찰이 단독으로 수행하기 어려운 활동이다.

산업기술 유출 대응 탐정

오늘날 국가 경쟁력의 핵심은 자원보다 기술이다. 산업기술은 단순한 기술 이상의 의미를 지닌다. 그것은 기업의 수십 년 노하우가 축적된 무형의 자산이자 국가 산업의 기반을 이루는 전략적 자원이다. 반도체 설계 도면 한 장, 배터리 원천 기술의 제조 공정, 신약의 화학 구조 하나가 수천억 원, 때로는 수조 원의 가치를 지닌다. 그런데 이처럼 중요한 기술일수록 탈취의 유혹도 크다. 퇴직자, 내부 임직원, 협력사, 경쟁사 등이 산업기술을 유출하거나 고의 또는 실수로 정보를 넘기는 사건이 해마다 늘고 있다.

우리나라 국가정보원 산업기밀보호센터NISC가 발간한 '산업기술 해외 유출 사건' 자료집에 따르면, 2003년 10월부터 2023년 7월까지 총 552건의 첨단 기술 유출이 적발되었다. 피해액은 100조 원 이상으로 추산한다. 경찰청 국가수사본부는 2023년 2월부터 10월까지 산업기술 유출 등 경제 안보 위해 범죄에 대한 특별 단속을 실시하여 해외 기술 유출 21건 등 총 146건을 수사, 검찰에 송치했다. 이는 전년 2022년 대비 75퍼센트 증가한 수치로, 최근 10년 내 가장 많은 건수였다.

    2022년 국내 반도체 장비 부품 제조업체 A사는 고위 기술자가 퇴직한 직후 해당 인력이 중국의 유사 장비 생산업체에 고문으로 재직 중이라는 제보를 받았다. A사는 내부 시스템 점검을 통해 퇴직 직전 해당 직원이 사내 서버에서 설계 도면 수십 건을 외부 USB로 복사한 기록을 포착했다. 그러나 정확한 증거가 없으면 수사기관은 소극적일 가능성이 높았기에 A사는 산업기술 유출 전문 탐정에게 조사를 의뢰했다.

    탐정은 내부 포렌식 분석을 통해 복사 시점, 로그인 계정, 접속 IP를 식별했고, 외부 반출 정황과 해당 기술이 경쟁사 제품에 유사하게 적용된 흔적을 확보했다. 이를 기반으로 민사소송과 형사고소를 병행했고, 재판에서는 탐정이 작성한 '기술 유사성 보고서'와 '유출 정황 재구성 보고서'가 결정적 증거로 작용해 승소 판결을 받았다.

    산업기술 유출 범죄는 외부 침입이 아니라 내부에서 시작되는 경우가 대부분이기 때문에 사전 예방이 쉽지 않다. 단순한 보안 시스템만으로는 한계가 있으며, 사람과 정보, 행동을 통합적으로 분석하고 감시하는 '탐정적 접근'이 병행되어야 한다. 보안 시스템 설계와 리스크 관리 체계를 구축하고 산업기술이 유출된 이후에는 이를 회수하거나 기술을 탈취한 적대적 기업을 상대로 손해배상 청구를 하기 위한 증거 수집이 필요하다.

기술 유출은 은밀하고 치밀하게 이루어지고 전문적인 산업기술 탐정이 이에 대응하고 있다. 산업기술 유출 대응 탐정은 다음과 같은 조사 업무를 주로 수행한다. ① 유출 정황이 의심되는 인물에 대한 퇴사 전후 행적 조사, ② USB, 이메일, 클라우드 업로드 기록 등 디지털 흔적 분석, ③ 외부 협력사 및 거래처와의 비밀 유착 관계 추적, ④ CCTV 기록, 출입 기록, 통화 내역, 메신저 포렌식을 통한 정황 확보, ⑤ 비밀 유지 계약NDA(Non-Disclosure Agreement) 위반 여부 검토 및 증거 문서화, ⑥ 법적 조치를 위한 민·형사적 증거 자료 정리 및 보고서 제출 등.

특히 산업기술이나 경영 관련 자료 유출자 또는 해당 기업이나 연구기관의 중요한 정보 유출자가 이미 회사나 조직을 떠난 상태라면 경찰 수사에 앞서 기업 내부의 정밀 조사가 선행되어야 하며, 이때 법률적 위험을 피해가면서도 실효적인 조사 활동을 진행할 수 있는 조사 전문가가 필요하다.

산업기술 유출은 대부분 민사사건으로 시작된다. 기업이 내부 정보를 넘긴 정황을 포착해도 수사기관에 의뢰하기까지 긴 시간이 걸리며, 경찰이나 검찰은 입증 자료가 부족하면 수사 개시조차 어렵다. 더욱이 산업기술은 복잡하고 고도화되어 있기에 수사관이 해당 기술을 이해하지 못해 실체 파악에 어려움을 겪는 경우도 많다.

이러한 구조적 한계 속에서 산업 탐정은 정보 기반 수사 보조자로서 빛을 발한다. 전문 기술에 대한 이해와 업계 생태계에 대한 높은 민감성을 바탕으로, 기업 내부의 보안 상황을 평가하고, 내부 직원의 접근 기록, 외부 유출 통로, 관련 장비 분석 등을 신속히 수행한다. 이 과정을 통해 탐정은 '기술이 유출되었는지'뿐만 아니라 '누가', '언제', '어떤 경로로', '어디까지' 유출했는지를 보여주는 팩트 중심의 조사 보고서를 기업 측에 제공한다. 이는 이후 민사소송 또는 형사고소의 기초 자료로 사용된다.

산업기술 유출 대응 탐정은 기술적 지식과 법률 지식 모두를 필요로 한다. 이들은 일반 탐정보다 더 고도의 분석 능력과 공학·IT 관련 지식, 법적 문서화 능력을 갖추어야 하며, 보안 솔루션과 정보 보안 시스템 전반에 대한 이해도 필수적이다. 또한 비밀리에 이루어지는 유출 행위를 추적하기 위해 디지털 포렌식 기술이나 위장 탐문, 민간 정보 수집 기술, 심리분석 기법 등을 활용한다.

국내에서도 이를 전문적으로 수행하기 위한 탐정 교육 및 자격 과정이 확대되고 있다. 한국산업기술보호협회 KAITS, 한국지식재산보호원KOIPA, 한국정보보호산업협회

KISIA 등의 기관과 연계하여 민간 탐정협회들이 공동 교육과정을 운영하거나 기업 자체적으로 탐정과 계약을 맺고 보안 리스크 점검과 유출 예방 컨설팅을 진행하는 사례도 늘고 있다.

미국, 일본, 독일, 프랑스 등 주요 국가들은 산업기술을 보호하기 위해 민간 조사 전문가인 탐정과 기업 보안 담당자, 국가기관이 협력하는 체계를 갖추고 있다. 일본은 탐정협회가 산업보안 대책위원회와 연계되어 활동하며, 프랑스는 민간 정보 조사 자격 제도를 통해 탐정이 법적 증거를 수집할 수 있도록 허용하고 있다.

2024년부터 중소벤처기업부는 기술보호지원반 내 민간 조사 협업 체계를 시범 운영하고 있으며, 일부 대기업은 상시로 민간 탐정과 계약을 맺고 정기 점검을 시행하고 있다.

연예인 사생활 보호 탐정

화려한 스포트라이트를 받는 삶은 대중의 환호와 관심을 받는 영예와 함께 그만큼의 짐을 짊어져야 하는 고통도 감수해야 한다. 연예인은 외모나 재능, 이미지뿐 아니라 일상마저도 콘텐츠화되어 소비되는 존재다. 연예인이 방송에서 언급한 취미가 다음 날 관련 상품의 품절을 불러오고, 열애설 하나로 주가가 출렁이며, 실언 한마디에 커리어가 끝날 수도 있다. 이처럼 대중의 관심이 극도로 집중된 존재인 연예인에게 사생활은 '지켜야 할 최후의 성역'이다.

그러나 현실은 녹록지 않다. 팬심을 가장한 스토킹, 일거수일투족을 파고드는 언론사들의 과잉 취재, 위치를 추적하고 사생활을 유출하는 악성 블로거와 유튜버, 그리고 연예인의 이름을 팔아 가짜 뉴스를 만들어내는 가짜 계정들까지. 연예인의 사적 공간은 무너지고 있고 이들의 정신 건강과 안전은 심각하게 위협받고 있다.

연예인 사생활 보호 탐정은 법적·기술적·심리적 지식을 바탕으로 연예인의 사생활 침해 가능성을 미연에 차단하고, 침해가 발생했을 경우 그 사실을 규명하고 책임자를 밝혀내는 전문가다. 연예인의 심리적 안정과 신체적 안전 그리고 인격권을 보호하기 위해 활동한다.

최근 몇 년 사이 연예인의 사생활 침해 문제는 단순한 연예 뉴스가 아니라 사회문제로 비화하고 있다. 일부 스토커들은 GPS 추적기를 차량에 몰래 부착하거나 소속사 직원을 매수하여 정보를 입수하며, 심지어 개인 주거지 근처에 상주하여 동선을 파악하기도 한다. 여기에 더해 연예인의 개인적인 SNS 계정이 해킹당하거나 전 연인 또는 지인이 민감한 사진과 대화를 유포하는 경우도 적지 않다. 이와 같은 문제는 명예훼손이나 사생활 침해 차원을 넘어, 심각한 정신적 트라우마와 사회적 낙인을 유발하며, 때로는 자살로 이어지는 비극적인 결과를 낳기도 한다.

탐정은 사전에 위협을 감지해 비극을 예방하고 연예인을 보호하기 위해 다음과 같은 방식으로 활동한다. 첫째, 특정 인물이 반복적으로 접근하거나 위협적인 메시지를 보내는 경우 그 인물의 신원과 동선을 조사한다. 온라인상의 가상 계정이라 하더라도 탐정은 디지털 포렌식 기술을 활용하여 IP 추적, 도메인 등록자 확인, VPN 사용 여부 분석 등을 통해 실체를 드러낸다. 둘째, 거주지 주변의 불법 카메라 설치 여부나 차량 GPS 부착 여부를 점검하고 주기적으로 사생활 보안 점검을 실시한다. 셋째, 악성 루머나 명예훼손 게시글을 유포하는 계정을 추적해 최초 유포자와 확산 경로를 분석한다. 특히 연예인의 이미지를 훼손하는 정보는 단시간 내에 온라인상에서 퍼지기 때문에 '조기 대응'이 무엇보다 중요하다. 변호사, 사이버 보안 전문가, 심리상담 전문가 등과 협력하며 문제 해결을 시도한다.

    실제로 엔터테인먼트사들은 연예인 보호를 위해 전담 민간 조사팀과 계약을 맺고 있다. 이들은 일정 관리, 팬 사인회나 공연장 보안뿐만 아니라 위협 인물 탐지, 루머 추적, 주거지 주변 감시와 같은 민감한 사안을 담당한다. 과거에는 이러한 역할을 매니저나 경호원이 전담했지만 갈수록 사건이 지능화되고 디지털화되면서 전문성을 갖춘 '탐정적 인력'이 활동 중이다.

    이 분야에서 활동하는 탐정은 특히 윤리의식이 강조된다. 연예인의 개인정보에 접근할 수 있는 위치에 있는 만큼,

그 정보를 오히려 제3자에게 유출하거나 불법 촬영물 또는 루머의 유포자가 되는 경우 커다란 사회적 파장을 불러오기 때문이다. 연예인 사생활 보호 탐정은 그 어떤 분야의 탐정보다도 철저한 직업윤리와 보안의식, 정체성에 대한 자각이 요구된다.

앞으로 연예인뿐만 아니라 크리에이터, 인플루언서, 운동선수, 정치인 등 고위험 직업군에 대한 사생활 침해 우려가 늘어남에 따라 사생활 보호 탐정의 수요는 더욱 확대될 것으로 보인다. 이들은 '무대 뒤의 수호자'들이다.

스토킹 피해자 보호 탐정

누군가가 매일 같은 시간에 같은 장소를 맴돈다. 누군가가 나도 모르게 내 SNS를 감시하고, '좋아요'를 누르고, 댓글을 달고, DM을 보낸다. 처음에는 무심코 넘겼던 그 사람의 행동이 어느 순간부터 두렵고 고통스러워지기 시작한다. 한밤중에 울리는 벨 소리, 골목에서 느껴지는 시선, 어디서든 마주칠 것 같은 불안. 피해자는 도움을 청할 곳조차 찾지 못한 채 두려움 속에서 일상을 버텨야 한다.

스토킹은 단순한 관심이나 호감의 표현이 아니다. 그것은 상대방의 일상과 삶을 위협하고, 때로는 폭력으로 이어질 수도 있는 잠재적 범죄의 서막이다. 특히 여성과 아동, 사회적 약자를 대상으로 하는 스토킹은 감정적, 신체적, 사회적 피해를 동반하며 장기적인 트라우마로 이어진다. 하지만 현실에서 스토킹은 종종 사적인 갈등이나 연애 문제로 치부되며, 공권력의 적극적인 개입을 기대하기 어려운 영역으로 남아 있었다.

스토킹은 그 특성상 지속적이고 반복적인 양상을 띠기 때문에 피해자가 상황을 인지하고 공포를 호소하기 시작했을 때는 이미 상당한 수준의 침해가 발생한 이후다. 위협의 징후를 조기에 포착하고 위험을 사전에 차단하는 것이 중요하다.

스토킹 탐정은 먼저 피해자의 진술과 상황을 토대로 구체적인 위협을 분석한다. 가해자의 신상정보를 파악하고 반복된 접근 패턴, 디지털 흔적, CCTV 및 출입 기록 분석 등을 통해 스토킹이 단발성 행위에 그칠지, 아니면 계획적 범죄로 발전할 가능성이 있는지를 판단한다. 이 과정에서 탐정은 디지털 포렌식, 심리분석, 보안 컨설팅 등 다양한 기술을 접목하며, 필요시 가정폭력상담소나 심리치료 전문가와 연계하기도 한다.

최근에는 디지털 기술을 활용한 스토킹이 증가하고 있다. 위치 추적기, 몰래카메라, 불법 해킹, 스마트 기기 연동 앱 등을 통해 피해자의 이동 경로, 연락처, 주거 정보까지 노출되는 사례가 빈번하다. 피해자조차 자신이 어떤 방식으로 침해받고 있는지 알지 못하는 경우도 많다. 스토킹 탐정은 이와 같은 '보이지 않는 감시의 기술'을 찾아내는 데 핵심 역할을 한다. 피해자의 스마트폰에 설치된 불법 앱을 감지하고, 차량 하부에 설치된 GPS 추적기를 제거하며, 해킹 여부를 확인하여 디지털 보안을 강화한다.

탐정은 피해자가 수사기관에 증거를 제출하고 정식 고소를 진행할 수 있도록 증거의 수집과 정리, 법적 자문과 소통 보조 역할을 수행한다. 피해자가 공포를 느끼는 일상적 상황(예: 출근길, 귀가 시간, 집 앞 낙서, 반복되는 문자 등)을 구체적으로 기록하고 분석하여 수사기관이 신속하게 조치할 수 있도록 '사건화'하는 것이다. 피해자가 경찰에 신고하기까지는 평균적으로 수차례의 고심과 주저, 망설임을 거친다는 연구 결과가 있다. 탐정은 무엇보다 피해자가 자기 삶의 통제권을 되찾을 수 있도록 도와야 한다.

한국에서도 2021년 '스토킹처벌법'이 시행되었지만 현실에서는 피해자가 법적 조치를 취하기까지 많은 시간과 고통이 수반된다. 특히 경찰이 경고 조치 이후에도 적극적인 체포나 보호를 하지 못하는 경우 피해자는 법의 공백 속에서 다시 일상을 침해당하게 된다. 실제로 일부 법률사무소나 여성 단체에서는 스토킹 피해자를 위해 '사설 보안팀' 혹은 '민간 조사팀'을 두고 협업을 진행하고 있다. 피해자에게 '안전하다'는 감각은 곧 생존의 문제이며, 그 감각을 회복시켜주는 역할을 스토킹 피해자 보호 탐정이 하고 있다.

학폭 피해 조사 탐정

"그 아이는 평소와 똑같이 등교했습니다. 하지만 교실에서, 복도에서, 운동장에서 무슨 일이 있었는지 아무도 말해주지 않았습니다. 선생님도 몰랐고, 친구들도 모른 척했습니다. 집으로 돌아온 아이는 아무 말도 하지 않다가 어느 날 갑자기 학교에 가지 않겠다고 했습니다."

많은 학교 폭력 피해 사례는 이처럼 '침묵' 속에서 시작된다. 피해자는 말할 수 없고, 주변은 모른 체하거나 감싸주지 않는다. 결국 부모는 나중에야 알아차린다. 학교 폭력은 때로 주먹보다 말로, 말보다 시선으로 더 깊이 찌른다. 교묘하게 위계와 권력, 소속과 배제로 구축된 학교 내의 폭력은 그 구조 자체가 폐쇄적이기 때문에 가해 사실을 확인하거나 입증하는 일이 무척 어렵다.

'학교 폭력 피해 조사 탐정'이 이 복잡하고 은폐된 상황 속에 뛰어들어 피해자의 편에서 진실을 찾아가는 조력자로 활동하고 있다. 공권력이 작동하기 이전 단계에, 혹은 공적 조사에 한계가 있는 경우에 학폭 탐정은 피해자의 입장에서 정황을 수집하고, 증거를 구조화하며, 사건 해결의 길을 안내하는 역할을 맡는다.

학교 폭력의 범주에는 단순한 폭행이나 금품 갈취를 넘어, 언어 폭력, 사이버 따돌림, 소셜 미디어상의 조롱과 루머, 단체 카톡방 내 따돌림, 성적 수치심 유발 언행, 신체 접촉, 더 나아가 교사나 학부모의 방조까지 포함된다. 최근에는 SNS나 메신저 기반으로 이루어지는 사이버 학교 폭력의 비중이 급증하고 있으며, 이와 관련된 피해는 부모와 교사, 경찰조차 쉽게 인지하기 어렵다.

탐정은 학폭 조사 과정에서 무엇보다 피해자의 신뢰를 얻고 감정적으로 안정시킨 다음 조심스럽게 정황을 듣는 것으로 업무를 시작한다. 피해 아동이나 청소년의 언어는 어른들과 다르기 때문에 탐정은 아이의 말 속에서 사실의 조각을 분별하고 모순 없이 이어붙이는 기술을 필요로 한다. 그리고 물리적 폭행 외에 지속적인 따돌림이나 언어적 모욕, 집단 괴롭힘과 같은 '관계의 폭력'을 포착할 수 있는 관찰력과 분석력이 요구된다.

가장 중요한 것은 '입증 가능한 정황을 수집하는 일'이다. 학교나 교육청의 공식 조사는 대부분 구체적인 증거나 제보가 있어야만 시작된다. 하지만 현실에서 가해자들은 일치된 진술을 하고 피해자의 친구들도 보복이 두려워 입을 다물기 일쑤다. 학폭 탐정은 문자메시지나 SNS 대화 기록 확보, CCTV나 주변인의 간접 진술 정리, 피해자의 일기·사진·증언 정리, 온라인상에서 유포된 모욕성 게시물 캡처 등 실질적이고 객관적인 자료를 축적해나간다.

이 자료는 이후 교육청 '학교폭력대책심의위원회'에 제출되거나 민·형사소송, 보호 명령 청구, 정신적 피해 보상 청구 등의 절차에 결정적인 단서가 될 수 있다. 특히 2022년 개정된 학교폭력예방 및 대책에 관한 법률(학교폭력

예방법)에서는 가해자 보호보다 피해자 회복을 중심에 두었기 때문에 피해자가 정확하고 논리적으로 자신의 피해 사실을 입증할 수 있는 환경이 중요해졌다. 여기에서 탐정은 사건을 전략적으로 구조화하는 조언자로 기능한다.

학폭 피해 조사 탐정은 단지 '지나간 피해'를 복원하는 것에 그치지 않고, 학폭 재발을 막기 위한 조치를 설계하는 데도 기여한다. 가해자와 피해자의 동선 분리, 학급 재배정, SNS 계정 변경, 주변 교우관계 재형성 등 실질적 회복을 위한 생활 동선을 설계하고 필요시에는 법률 전문가 및 상담사와 함께 회복 프로그램을 연계해준다.

학교 폭력은 단순한 사건이 아니다. 피해자는 친구를 잃고, 자존감을 잃고, 공부할 의욕을 잃고, 사회에 대한 신뢰까지 잃는다. 오랫동안 불면과 불안, 우울을 겪으며 사회적 위축감을 경험하게 된다. 학폭 탐정은 한 사람의 인생을 지키기 위한 회복의 시작점이라는 것에 의미가 있다.

탐정은 부모나 보호자에게 학폭의 실제 구조와 심각성을 알리고, 감정적 대응보다는 전략적 접근의 중요성을 전달하는 역할도 수행한다. 처음 아이가 학교 폭력을 겪었다고 말하면 부모가 오히려 "왜 그랬어?", "그냥 무시하지?", "너도 잘못한 거 아니야?" 같은 반응을 보이는 경우가 많다. 이때 탐정은 부모가 어떤 태도로 아이와 대화하고 어떤 방식으로 대응하면 좋을지 상담하고, 필요시 변호사나 학교장과의 회의에도 동행한다.

최근 일부 법률사무소나 아동 권익 단체에서는 탐정과 연계한 아동 피해 조사팀을 운영하거나 비공식 증거 수집 서비스를 지원하는 시스템을 갖추고 있다. 일본, 미국, 독일 등에서는 이미 '교육 전문 민간 조사관' 제도를 도입해 교육기관에서 조사하지 못하는 사각지대를 메우고 있으며, 한국에서도 점차 이에 대한 제도화 논의가 시작되고 있다.

학교 폭력 문제에서 무엇보다 중요한 것은 아이의 언어를 이해하는 감수성, 비폭력적 관점에서의 중립적 태도, 교육법과 아동학대방지법에 대한 지식, 피해자 중심주의에 입각한 윤리적 기준 등이다. 학교를 지키는 것은 한 아이의 인생이 시작되는 곳을 지키는 일이다.

학교는 아이가 사회를 처음 배우는 곳이다. 그곳에서의 경험은 평생의 자아 형성에 영향을 미친다. 누군가의 고통을 '장난'이라 말하고, 피해자를 '예민하다'고 치부하며 덮고 지나가는 사회가 아니라 진실을 마주하고 회복을 돕는 사회를 만들기 위해 학폭 탐정은 존재해야 한다.

학폭 피해 조사 탐정은 말하자면 학교 밖의 정의를 지키는 또 하나의 눈이다. 이 눈이 더 이상 필요 없는 날이 오기를 바라지만, 그날이 오기까지는 침묵 속의 아이들을 위해 누군가는 조용히 들여다보고 있어야 한다. 그리고 그 역할을 탐정이 할 수 있다면 그것은 기술이 아니라 사명이다.

고령자 실종 및 보이스피싱 피해 대응 탐정

"70대 아버지가 갑자기 가족에게 연락도 없이 계좌에서 전액을 이체한 뒤, 며칠째 연락이 두절된 상태입니다. 보이스피싱이 의심되지만 경찰 조사에는 한계가 있어 걱정입니다."

우리 사회는 급격한 고령화로 인해 65세 이상 인구가 전체 인구의 20퍼센트를 넘어서는 '초고령 사회'로 진입했다. 동시에 디지털 전환 속도는 더욱 빨라지고 있다. 이런 변화에 가장 취약한 층이 바로 고령자다. 이들은 인지력과 판단력의 저하, 디지털 정보 격차, 사회적 고립 등의 복합적 요인으로 인해 실종 위험과 경제 범죄 피해에 가장 많이 노출되어 있다. 고령자 실종 및 보이스피싱 전문 탐정은 실종 수색이나 금융 추적만이 아니라 노인 문제에 대한 복합적 이해를 토대로 움직인다.

보이스피싱은 이미 '조직적 범죄'로 진화했다. 특히 최근에는 AI 음성 합성, 스미싱, 원격제어 앱, 가짜 경찰·검사 사칭 등 수법이 정교해졌다. 피해자 대부분이 고령층, 디지털 약자, 1인 가구 등 사회적 취약 계층이다. 이들은 전화로 금융 정보를 묻는 순간을 의심하지 못한 채 통장을 넘기고, 앱을 설치하고, 심지어 현금 다발을 직접 전달하기도 한다.

경찰의 수사는 보통 범행 발생 이후에야 착수되기 때문에 피해 회복 가능성이 낮고, 계좌 추적은 여러 단계를 거쳐야 하며, 일부 해외 조직이나 차명 계좌로 이체된 자금은 회수가 사실상 불가능하다. 탐정은 이보다 빠른 시점에 개입해 피해자의 평소 생활 기록과 심리 상태, 의심 행위 정황, 대화 기록 등을 분석함으로써 피해를 입증하거나 추가 피해 확산을 막는 데 집중한다.

보이스피싱 피해에서 중요한 점은 피해자가 '속았다'는 사실을 입증해야 한다는 점이다. 민사소송이나 손해배상 청구를 진행하려면 실제 피해 경위와 범죄에 이르게 된 정황, 중간 가담자의 존재와 그들의 기망 행위 등이 구체적으로 기록되어야 한다. 이때 탐정은 ① 피해자의 스마트폰 포렌식 분석, ② 메시지, 통화 기록, 통장 거래 내역 등 정황 증거 확보, ③ 범죄 유도 애플리케이션 설치 여부 및 실행 기록 분석, ④ 보이스피싱 조직과 중간 인출책 간의 연계 정리, ⑤ 가족 및 주변인의 진술 조합, ⑥ 피해자의 인지 상태 및 판단력 분석 보고서 작성 등의 조사 및 분석 업무를 수행한다. 이를 통해 탐정은 형사 고소를 위한 증거 자료를 정리하고, 피해 복구와 예방을 위한 정보 수집을 병행하며, 필요한 경우 법률 자문 연계 및 전문가 팀 구성도 지원한다.

고령자 실종과 보이스피싱 피해는 모두 사건의 '해결'만이 아니라 피해자의 '회복'까지 책임지는 과정이다. 실종자는 안전하게 가족의 품으로 돌아와야 하고, 피해자는 단순한 금전상의 피해 회복을 넘어 심리적 안정과 사회적 신뢰 회복까지 이루어야 한다. 현재 한국은 '고령자 실종 신고 의무화', '노인학대방지법', '보이스피싱 방지 특별법' 등의 입법 추진이 활발해지고 있지만 탐정이 공익적 관점에서 제도권과 협력하는 체계는 아직 미비하다. 선진국에서는 이미 노인 권익 전담 민간 조사관, 금융 피해 사전 방지 탐정 등이 제도권 내외에서 활동하며, 경찰과 민간의 복합 치안 협업 모델이 구축되고 있다.

고령자와 취약 계층 대상의 범죄는 점점 더 정교하고 집요해지고 있다. 따라서 이를 막기 위해선 공권력의 한계를 보완해줄 신속하고 전문적인 탐정의 개입이 필수적이다. 특히 노인을 향한 사회적 보호막이 미비한 현재의 구조에서 탐정은 단순한 조사자를 넘어 인권과 존엄의 수호자가 될 수 있다.

미술품 탐정

최근 우리나라에서 미술품 위작 사건이 빈번하게 발생하고 있다. 미술품의 진위를 확인하기 위해서는 화학적 분석뿐만 아니라 유통 과정의 명확한 입증이 필요하다. 특히 위조가 빈번한 유화 작품의 경우 단순히 물리적 감식에 의존하는 것만으로는 한계가 있다. 따라서 유통 경로를 추적하여 작품의 진위를 밝히는 작업이 더욱 중요해지고 있다.

위작 문제는 대부분 작품의 유통 과정이 불분명하거나 작품이 오랜 기간 수장고에 보관되었다가 경매 시장에 나타나는 경우 발생한다. 일부 작품은 분실된 상태에서 도둑들 사이에서 거래되다가 시중에 나와 진위 논란을 더욱 심화시킨다. 혹시라도 특정 작품이 위작으로 판명될 경우 관련자들에 대한 처벌은 나중 문제이고 예술 시장 전체의 신뢰도가 큰 타격을 입게 된다.

　　대표적으로 천경자 화백의 그림 사건이 있다. 이 사건은 국내 미술계를 흔들었을 뿐만 아니라 법적 논란까지 불러일으켰다. 천 화백은 해당 그림이 자신의 작품이 아니라고 강력히 부인했지만 국립현대미술관은 천 화백의 그림이 맞다고 주장하며 첨예하게 대립했다. 천 화백은 해당 작품의 세부적인 디테일과 자신의 그림 스타일을 기준으로 위작임을 주장했으나 국립현대미술관과 감정 전문가들은 작품의 화학적 분석 결과와 유통 경로를 근거로 정품임을 주장했다.

　　특히 법원 판결에서 중요한 역할을 했던 것은 유통 경로였다. 법원은 해당 작품의 유통 과정이 명확하게 입증되었다고 판단했다. 작품은 특정 소장가의 수장고에 오랜 기간 보관되다가 합법적으로 거래되어 경매 시장에 나온 것으로 확인되었다. 이러한 유통 과정의 투명성과 객관적인 증거들이 법적 판단에 결정적 영향을 미친 것이다.

　　이 사건은 미술품 진위 논란에서 유통 경로의 중요성을 여실히 보여준 사례다. 세계적으로 유명한 화가가 자신의 그림을 제대로 못 알아보거나 거짓 증언을 했을 가능성은 크지 않다. 그러나 법적 판단은 개인의 주장보다 객관적인 자료와 증거를 기반으로 이루어진다. 천경자 화백의 그림 사건은 유통 경로가 미술품의 진위 입증에 얼마나 중요한지를 보여주는 대표적인 사례로서 예술 시장에서 작품의 신뢰성과 가치를 보장하기 위해 유통 과정을 철저히 관리해야 할 필요성을 일깨운다.

외국에서는 유통 경로가 명확하게 기록되지만 우리나라에서는 유통 경로가 불명확한 경우가 많아 이런 문제가 발생한다. 외국에서는 도난 미술품이 언제 분실되고 회수됐는지 등의 정보가 세세하고 명확하게 기록된다. 미술품 위작 문제를 해결하기 위해서는 단순히 화학적 분석이나 감정에만 의존할 것이 아니라 유통 경로의 투명성을 확보하는 것이 핵심이다. 이를 위해서는 미술품의 거래 이력을 체계적으로 기록하고 관리하는 시스템을 도입해야 한다. 블록체인 기술과 같은 최신 기술을 활용하여 유통 과정의 위·변조를 방지하고 작품의 출처와 이동 과정을 누구나 확인할 수 있도록 하는 것이 중요한 과제다.

우리나라에서는 미술품 상속이나 증여에 최소 세율이 적용되기에 최근 고가의 미술품에 대한 관심이 증가하고 있다. 따라서 고가 미술품의 유통 경로를 추적하는 탐정들이 늘어나고 있다. 미술사나 큐레이션에 대한 지식을 가진 전문가들이 이러한 탐정 업무에 적합하다.

미술품뿐만 아니라 고미술품, 유물 등의 유통 경로를 추적하는 탐정도 있다. 특히 남아메리카에서는 잉카·아스

텍·마야 문명 관련 유물의 유통 경로만을 추적하는 탐정들이 활동하고 있다. 이 3대 문명은 거의 한두 달 사이에 멸망하면서 수많은 유물이 도굴꾼들에 의해 싹쓸이당해 유럽 전역에서 유통되었다. 그 유통 경로가 명확해야 매매나 거래가 이어지기 때문에 유럽에서는 유물 전문 탐정이 미술품을 추적하여 공인해주고 경매 시장에 올릴 수 있게 한다. 우리나라의 미술품 시장이 더 활발해진다면 이와 관련한 탐정의 역할이 크게 확장될 것이다.

공익 탐정

미국의 경우 1980년대부터 신자유주의 체제로 변화하면서 사회복지 비용이 증가하고 이로 인한 부정 수급 사례도 빈발하게 되었다. 최근 우리나라에서도 유사한 문제가 발생하고 있다. 예를 들어 노숙자들을 강제로 수용하여 국가 지원금을 부정 수급하거나 노인 요양보호를 하지 않으면서 비용을 수령하는 식이다. 이러한 부정 수급 사례를 방지하기 위해 공익 탐정이 활동한다.

공익 탐정은 말 그대로 공공의 이익을 위해 활동하는 민간 조사자다. 이들은 누군가의 사적 의뢰에만 응답하는 것이 아니라 사회 전체의 정의와 투명성 그리고 신뢰를 지키기 위해서도 움직인다. 특히 미국이나 일본과 같은 국가에서는 부정 수급이나 내부 비리를 신고하고 그로 인해 환수된 예산의 일부를 신고자에게 인센티브로 지급하는 제도가 정착되어 있다. 예컨대, 부정 수급된 1억 원의 복지 예산이 신고를 통해 환수되었을 경우 신고자는 환수 금액의 10퍼센트에 해당하는 1,000만 원을 정당한 보상으로 받을 수 있다. 이러한 제도는 공익 탐정이 단순히 '정의감'에만 의존하지 않도록 현실적인 동기를 부여하는 동시에 사회 전체가 건강한 감시 체계를 갖추는 데 기여한다.

한국에서도 최근 공익 탐정 활동의 필요성이 점점 부각되고 있다. 처음에는 불법 유턴 차량을 신고하거나 유통기한이 지난 식자재를 고발하여 포상금을 받는 등의 비교적 단순한 활동에서 출발했지만 현재는 복지 예산 부정 수급, 산업기술 유출, 환경 범죄, 선거 부정 감시와 같은 고난도의 분야로 활동 범위가 확장되고 있다. 특히 사회복지 부문에서는 거짓 등록, 허위 진단서 제출, 요양기관의 수당 부풀리기 등 여러 형태의 부정행위가 은밀히 이루어지고 있어, 이와 같은 행위를 적발하는 데 공익 탐정의 현장 조사와 추적 능력이 큰 역할을 하고 있다.

탐정은 때로는 제보자의 신원을 보호한 채 증언을 수집하고, 때로는 현장에 직접 나가 사진, 영상, 녹취 등 다양한 방식으로 증거를 확보한다.

공익 탐정은 사회적 신뢰 회복에 기여한다. 세금이 제대로 쓰이지 않는다는 불신은 곧 정부와 국민 사이의 단절을 의미한다. 탐정이 부정한 예산 집행을 밝혀내고 그 결과가 공식적으로 시정될 때 국민은 "누군가는 이 문제를 감시하고 있다"는 안도감을 느낀다. 이는 공공 자원의 정당한 사용이라는 원칙을 재확인하는 계기가 되며, 사회 전반의 정의 실현에도 큰 의미를 지닌다.

공익 탐정의 활동 영역은 매우 넓다. 복지 분야에서는 부정 수급을 적발하고, 환경 분야에서는 불법 폐기물 투기나 수질 오염 행위를 추적하며, 공직 분야에서는 입찰 비리, 뇌물 수수, 부적절한 예산 집행 등 다양한 비정상적 행위를 감시한다. 특히 최근에는 선거철마다 반복되는 '가짜 여론 조사', '불법 댓글 알바', '후보자 비방 캠페인' 등도 공익 탐정의 감시 대상이 된다. 이들은 SNS 데이터 분석, IP 추적, 여론 흐름의 조작 가능성 분석 등을 통해 디지털 영역에서의 공정성을 지키기 위한 조사를 수행한다.

공익 탐정은 단순히 정보를 수집하고 범인을 찾아내는 사람이 아니다. 그들은 사회 시스템의 허점을 메우고, 제도의 사각지대에 놓인 피해자들을 찾아내며, 공공의 자원을 지키는 사회적 감시자다. '눈먼 돈'을 추적하는 그들의 눈은 우리가 미처 보지 못한 곳을 비추고, 침묵했던 정의를 다시 말하게 만든다. 그들의 활동이 활발해질수록 우리 사회는 보다 투명하고 신뢰받는 공동체로 나아갈 수 있을 것이다.

4부

탐정을 보면 그 나라가 보인다

탐정의 시선으로 보면 한 나라는 단순히 지리적 경계선이나 행정 체계로만 정의되지 않는다. 국경이 그어지고, 헌법이 만들어지며, 각종 제도와 법이 자리 잡는 과정은 그 나라의 역사, 문화, 그리고 사회적 특수성을 반영한다. 탐정은 이러한 과정을 가장 생생히 목격하고, 그 속에서 활동하며, 한 국가의 특징을 깊이 이해할 수 있는 독특한 위치에 있다.

탐정의 역할은 단순히 범죄를 해결하거나 개인적 의뢰를 수행하는 것을 넘어선다. 공권력이 미치지 못하는 사각지대를 누비며 메우는 것이 탐정이 하는 일이다. 이 과정에서 한 나라의 사회구조와 법적 틀, 그리고 문화적 특성을 관찰하며 문제를 해결한다. 이는 각국 탐정의 활동 방식이 그 나라의 사회적, 정치적 환경에 의해 크게 좌우된다는 점에서 잘 드러난다. 예를 들어 탐정이 범죄나 사건을 추적할 때 어떤 법적 제한과 권한을 가지는지는 그 나라에서 법치주의와 개인의 자유가 어떻게 균형 잡고 있는지를 반영한다. 탐정을 보면 그 나라의 사회적 운영 원칙과 문화적 특성을 자연스럽게 이해할 수 있다.

결론적으로 각국의 탐정 제도의 발전은 그 사회의 역사적 맥락과 사회구조를 반영한다. 그 사회의 법적, 윤리적 규범과도 밀접한 연관이 있다. 탐정은 한 사회의 규범적 윤리를 지켜내고 사회정의를 실현하는 직업이기 때문이다. 이는 여러 나라의 탐정 제도가 어떤 식으로 발전했는지를 살펴보면 쉽게 이해할 수 있다.

영국

탐정이 일상적인 직업으로 사회나 문화에 깊이 녹아 있는 곳은 영국이다. 국가에서 인위적으로 만든 직업이 아니라 자연스럽게 생성된 직업군이기 때문이다. 영국 탐정의 기원은 고대 그리스 시대로까지 거슬러 올라간다. 그리스 문명을 계승한 로마제국의 후예라고 자부하는 영국은 고대 도시국가들로부터 시작된 탐정의 역사를 잘 정리해왔다.

서로 경쟁하던 그리스, 마케도니아, 로마 등 서양 고대 국가들이 적대적인 국가의 상황을 알아보기 위해 활용했던 첩보원을 탐정의 기원으로 본다. 로마제국 시대에도 탐정이 스파이 역할을 수행했다. 정적의 약점을 찾거나 이적 행위를 하지 않았는지 조사하는 정보기관 역할을 했다.

근세로 넘어가면서 이러한 역할은 축소되기 시작했다. 주로 군대에서 정보원이나 정보기관을 별도로 운용했기 때문이다. 군사적 영역에서 정보기관Intelligence Agency이 따로 생겨나게 되었고 민간 영역에서는 사람을 찾거나 그 사람의 문제를 조사하는 전문가 집단이 분리되기 시작했다. 당시 상인들이 탐정의 역할을 주로 도맡았다. 중세 시대 유럽의 상인들은 도시 단위로 이동하면서 물건을 판매·거래·중개했는데 특히 유대인 상인들이 민간 정보업자로서 중요한 역할을 했다.

유대인들이 중세 유럽 사회에서 정보 전문가 내지는 정보업자로 활동하게 된 배경에는 종교적 박해가 자리 잡고 있다. 중세 가톨릭은 예수를 고난에 처하게 한 유대인들을 적대시했다. 유대인들이 땅이나 생산 수단을 소유할 수 없도록 법으로 금지했다. 유대인들은 금융업과 중개무역에 주로 종사하게 되었다. 돈과 물건이 오가면 정보도 오간다. 이 정보가 유대인들에게는 중요한 자산이었다. 유대인들은 정보 네트워크를 활용해 중세 시대에 일종의 탐정 활동을 하게 되었다. 그들은 사람을 찾아내거나 평판을 조회했고 이는 지금까지도 전 세계 탐정 업계에서 기본적으로 수행하는 역할이다.

절대왕정 시대에는 국가의 권력이 매우 강력했다. 왕이 전쟁 자금을 조달하는 과정에서 유대인들이 정보통으로 활동했다는 기록은 있지만 탐정 활동에 대한 기록은 거의 남아 있지 않다. 하지만 산업혁명이 시작되면서 탐정이 주목받게 되었다.

산업혁명으로 석탄 산업과 증기기관이 발달하면서 도시가 급격히 발전했고 수도인 런던은 순식간에 인구 100만이 넘는 대도시로 성장했다. 인구의 과도한 밀집으로 인해 도시 거주민 사이에서 분쟁이 잦아졌고 살인 사건이나 강도 사건, 방화 사건과 같은 중범죄도 빈번하게 발생했다. 당시 경찰은 질서유지와 같은 단순한 순찰 업무만을 주로 맡았기 때문에 살인 사건 같은 중범죄를 해결하는 데는 한계가 있었다. 특히 여러 건의 연쇄살인 사건이 발생하면서 탐정의 필요성이 대두되었다.

영국에서 초기에 활동했던 탐정은 주로 민간인, 특히 의사들이었다. 사체를 부검하거나 범죄 현장을 조사하는 과정에서 살인 사건의 원인을 밝혀냈고 화학자나 생물학자, 심리학자도 투입되어 수사관으로 활동했다. 이들이 경찰의 일시적 고용 형태로 수사에 참여한 것이 탐정 활동의 본격적인 시작으로 기록되어 있다.

영국 정부는 범죄 수사를 전담할 정규 인력을 고용할 예산이 부족했기 때문에 앞서 말한 민간 전문가들을 용역 계약 형식으로 고용하여 범죄 수사에 투입했다. 이것이 아서 코넌 도일의 《셜록 홈스》가 탄생한 배경이다. 실제로 작가인 아서 코넌 도일은 에든버러 의과대학을 졸업한 의사로서 살인 사건 조사에 직접 참여했었다. 셜록 홈스와 왓슨 박사는 코넌 도일 자신을 두 인물로 나누어 형상화한 것으로 분석된다. 홈스는 뛰어난 추리력을 지닌 탐정이고 왓슨 박사는 법의학적 지식을 갖춘 조수로 설정되었는데, 이는 코넌 도일이 실제로 수행했던 역할이었다.

범죄수사에서 민간인 탐정들이 범인을 잡아내는 성과를 내면서 19세기 후반부터 경찰은 '형사Criminal Detective'라는 전문 인력을 정부 차원에서 양성하기 시작했다. 이는 탐정이 공적 영역으로 진입하는 계기가 되었다. 경찰이 양성한 형사들은 공적 영역에서 활동하는 탐정의 역할을 했고 민간에 남은 탐정들은 '사설탐정Private Detective'이 되었다. 당시 사설탐정들은 실종자 수색, 도피 중이거나 수배 중인 사람의 추적, 이산가족 찾기 등의 업무를 수행했다. 'Detective'는 범죄를 수사하는 사법권을 가진 형사를 뜻하고 'Private'은 민간을 의미하는데, 이러한 용어가 오늘날까지도 사용되는 이유는 당시의 탐정 활동에서 유래된 것이다.

18세기와 19세기에 영국이 식민지 경영을 하게 되면서 많은 탐정이 식민지의 정보 수집에 중요한 역할을 하게 된다. 식민지 경영과 관련된 정보, 특히 땅과 자원에 대한 정보를 수집했을 뿐만 아니라 영국의 대표적 식민지인 인도에서는 면화 생산량까지 측정했다는 기록이 있을 정도로, 탐정들은 식민지 경영을 위해 여러 방면에서 활동했다.

1, 2차 세계대전 이후 영국 사회가 안정되면서 탐정들은 순수 민간업자로 완전히 전환되기 시작했다. 이때부터

탐정들은 다양한 분야에서 활동했으며, 이를 '멀티 탐정'의 전형으로 볼 수 있다. 대표적인 예로 영국에서 각광받고 있는 'Pet PI'라는 탐정 서비스가 있다. 이들은 집을 나간 반려동물들을 찾아주는 역할을 했고, 이는 주요한 탐정 활동으로 자리 잡았다. 또한 영국은 기술과 디자인 분야에서 발전했기 때문에 패션 디자인이나 기술을 모방하는 것을 적발하는 산업 보호 전문가 역할도 탐정들이 맡게 되었다.

영국에서는 탐정에 대한 규제가 상대적으로 적은 편이었다. 탐정들이 불법적인 행위만 하지 않으면 조사할 수 있는 범위가 상당히 넓다. 다만 개인의 사생활이나 개인정보 또는 공적 정보에 대한 침해에 대해서는 강력한 제재가 이루어졌다. 다만 주요 인물의 사생활은 공개될 가치가 있을 경우 공개를 허용하는 경향이 있다.

영국 사회에서 탐정이라는 요소가 뿌리 깊게 자리를 잡는 데에는 사회문화적으로 '자력구제'라는 개념이 큰 영향을 미쳤다. 자력구제는 개인이 스스로 권리를 보호하고 피해를 해결하려는 노력을 말하며, 이는 자유 시민 사상에서 중요한 부분을 차지한다. 탐정은 개인이 피해를 구제하는 수단으로 널리 활용되었고 그 덕분에 영국은 전 세계에서 탐정이 가장 많은 나라 중 하나가 되었다. 이러한 사회적인 배경 때문에 영국에서는 추리소설이 크게 발전하게 된다. 영국의 추리소설은 실제 탐정들의 활동을 반영하여 문학적으로 집약된 결과물이다.

미국

　유럽에서 미국으로 넘어간 탐정은 그 역할이 변하기 시작한다. 미국에서 탐정은 준사법기관의 역할, 즉 민간 사법기관 내지는 민간 법 집행관으로서 본격적으로 활용되었다. 미국의 영토는 동부에서 남부와 서부로 계속 확장되었고 멕시코와의 전쟁을 통해 캘리포니아와 텍사스까지 통합했다. 연방국가의 형태이기는 하지만 국토가 방대해지면서 치안 관리의 한계가 드러나게 되었다.

　미국은 지금도 연방국가의 형태를 띠고 있다. 중앙정부로서 역할을 하기 위해 연방정부가 있기는 하지만 결국은 주정부State Government 간의 연합체인 것이다. 그 결과 광활한 영토와 주 경계를 넘는 보안 문제 취약점을 안고 있다. 초기에는 은행 강도, 무장 강도, 마적馬賊에 의한 강력 범죄가 빈번하게 발생했다.

　특히 골드러시 시기에는 서부 캘리포니아와 텍사스에

서 채굴된 금을 동부의 뉴욕으로 이송하는 과정에서 무장 강도들에게 공격을 당하는 일이 자주 발생했다. 이런 문제를 해결하기 위해 각 지역에서 정의감이 높고 총격전에 능한 이들을 선발해 민간 치안관으로 임명하기 시작했으며, 이들이 연방보안관U. S. Marshall의 기원이 되었다. 연방보안관은 연방정부 또는 주정부에서 임명하고, 지역의 치안을 담당하는 보안관Sheriff은 지역 주민들이 직접 선출했다.

    범죄자를 추적하고 처벌하던 민간 탐정들은 연방보안관 또는 보안관 배지를 달고 치안을 확보·유지하는 역할을 수행했다. 이러한 보안관을 '맨 헌터Manhunter'라고도 부르는데, 여기서 '맨'은 범죄자를 의미한다. 미국의 각 주는 고유한 사법권을 가지고 있다. 범죄가 발생한 지역의 경찰관이 다른 주로 도망간 범죄자를 체포할 수 없다. 이런 문제를 해결하기 위해 연방보안관으로 임명된 '맨 헌터'들이 주를 넘나들며 수사 활동을 했다.

    그들은 각 주의 사법 체계를 넘어 범죄자의 행적을 추적하고 법 집행에 필요한 조치를 취했다. 현상금 사냥꾼이면서 공무원으로서의 성격도 함께 지니게 되었다. 이것이 미국 탐정의 초기 모델로 자리 잡았다. 미국에서 탐정은 단순한 범죄 추적을 넘어 민간 치안의 중요한 역할을 담당하게 되었던 것이다. 미국의 탐정은 사회적 필요에 따라 진화하면서 현대 탐정의 기초를 형성하게 된다.

    19세기 들어서 미국의 탐정은 산업혁명의 영향을 받

으며 본격적으로 존재감을 드러냈다. 제조업이 활성화되면서 동부 지역의 도시들이 인구 수백만의 대도시로 성장하여 런던과 유사한 상황이 벌어졌다. 이탈리아, 폴란드, 아일랜드에서 특히 많은 이민자들이 들어왔으며, 이로 인해 미국 인구가 급증했다. 다양한 민족의 집단 거주지를 중심으로 갱단이 형성되고 폭력 사건이 빈발하게 된다. 조직폭력 사건이 증가하면서 지역사회의 의사나 법학 전공자와 같은 전문가들이 임시 수사관으로 활동하게 되었다.

또한 미국의 산업이 폭발적으로 성장하면서 금융 관련 문제와 개인 간의 소송이 증가하게 되었다. 이로 인해 법률 전문 탐정도 등장하며 탐정의 역할이 점차 체계성을 갖추게 되었다. 20세기 중반, 특히 2차 세계대전 이후에는 공적 영역이 FBI와 같은 수사기관으로 성장하고 민간 분야의 탐정들은 핑커튼 같은 탐정회사로 이동하여, 전문화를 극대화하는 방향으로 탐정 산업이 성장했다.

미국의 연방 경찰기관은 약 70여 개에 달한다. 미국의 사법 체계는 유연하기 때문에 필요할 경우 새로운 경찰기관을 쉽게 만들었다가 불필요해지면 간단히 없애기도 한다. 최근에는 FBI보다 상위 기관인 국토안보수사국HSI이 생겼다. 이 기관은 테러 같은 국가적 위험 요소를 수사하는 역할을 맡고 있으며, 법무부 소속인 FBI가 HSI의 직속 하위 기관으로 기능하고 있다. 이러한 유연성은 미국의 탐정 활동에도 큰 영향을 미쳤다. 필요할 때마다 경찰과 협력하여 수사를 수행하거나 지역 경찰의 수사가 미진하면 탐정에게 수사를 위탁하는 경우도 발생한다. 미국의 탐정들은 경찰과의 협력이 빈번하며, 경찰의 필요에 따라 수사지원을 맡는다. 이러한 시스템은 탐정들이 더욱 활성화될 수 있는 환경을 조성했다.

또한 미국 정부는 외교 문제를 일으킬 수 있는 CIA와 같은 정부 기관보다 민간 탐정 기업을 해당 국가로 파견하여 해외 정보를 수집하고 있다. 이러한 민관 협업 관계가 다양하게 진행되는 것이 미국의 특징이기도 하다. 대표적인 사례가 헨리 키신저 전 국무장관의 탐정회사와의 협업이다.

현재 탐정의 표준 모델은 미국이다. 미국에서는 주마다 탐정 제도가 다르게 운영된다. 어떤 주에서는 자영업자 형식으로 비교적 간단한 절차로 탐정이 될 수 있는 반면, 캘리포니아 같은 주에서는 탐정 자격을 매우 엄격하게 관리하고 있다. 사실상 거의 공인 탐정으로 주정부에서 직접 관리하는 면허 제도를 시행하고 있는 것이다.

미국 노동통계국의 2022년 자료에 따르면 미국에서 활동하는 '사립탐정 및 조사관Private Detectives and Investigators'의 수는 약 3만 3,700명이고, 이들의 평균 연봉은 약 5만 8,000달러(한화 약 7,000만 원)다. 상위 10퍼센트에 해당하는 탐정들은 연봉이 약 9만 8,000달러(한화 약 1억 1,800만 원)에 달한다. 이 통계는 공식적으로 등록된 탐정들만을 대상으로 하고 등록되지 않은 탐정도 많기 때문에 실제로는 약 25만 명에서 30만 명 정도의 탐정이 활동하는 것으로 추산된다.

주마다 탐정 면허 취득 요건이 다르지만 일반적으로는 관련 분야의 경력과 교육이 필요하고 범죄 기록도 없어야 한다. 일부 주에서는 면허 취득을 위해 시험을 치르고 지속적인 교육을 실시한다. 이러한 제도는 탐정의 전문성과 신뢰성을 높이기 위한 것으로서 주마다 그 엄격성에 차이가 있다.

스페인

17세기 강력한 해양 제국으로 무적함대Armada Invencible를 보유한 스페인은 아시아와 아메리카 대륙에 대한 식민지 경영으로 인해 영국처럼 탐정 산업이 발전했다. 영국 엘리자베스 여왕의 함대에 무적함대가 패배한 이후 스페인은 정치적·경제적으로 타격을 입고 제국의 지위가 위태로워졌다.

영국이 명예혁명 이후 어느 한 집단의 권력 독점을 허용하지 않는 다원적인 정치 제도가 뿌리내리고, 혁신과 투자의 유인을 제공하는 포용적인 사회로 산업혁명의 꽃을 피웠던 것과 달리 신대륙의 황금과 교역의 기회를 왕가가 독점한 스페인은 결국 패권 경쟁에서 밀려나고 말았다.*

20세기로 접어들면서 스페인은 다시 한번 커다란 내

---

* 《국가는 왜 실패하는가》, 대런 애쓰모글루 · 제임스 A. 로빈슨 저, 최완규 역, 장경덕 감수, 시공사, 2012년

홍을 겪는다. 1936년부터 1939년까지 벌어진 스페인 내전이다. 이 내전은 단순한 정치 세력 간의 충돌을 넘어, 좌우 이념 갈등과 지역·계급 간의 분열이 겹친 복합적 위기였다. 수많은 지식인과 전문가 집단이 죽거나 망명했으며, 사회 전체가 깊은 불신과 혼란에 휩싸였다. 탐정 산업의 성장에 필수적인 법적 지식 기반과 인적 자원이 이 시기를 기점으로 급격히 줄어들었다. 탐정 산업뿐만 아니라 사회 전반의 전문 직업군이 위축되었다.

내전의 참화를 겪은 뒤 프란시스코 프랑코가 정권을 장악하고 장기 독재 체제를 구축하면서 스페인 사회는 반세기 가까운 억압과 통제 속에 놓이게 된다. 프랑코 정권하에서는 언론, 사상, 집회뿐 아니라 개인의 자유에 대한 감시도 강화되었다. 탐정 활동도 축소되었다. 자유로운 민간 조사 활동이나 정보 수집은 '국가에 대한 도전'으로 간주되었다. 탐정이라는 직업은 체계화되거나 제도적으로 인정받지 못했다. 이 시기의 탐정은 제도권 밖에서 음성적으로 활동했다.

1975년 프랑코 총통의 사망 후 스페인은 왕정 복귀와 함께 민주주의 체제를 도입했다. 개인의 사생활 보호, 시민의 권리 강화, 국가권력에 대한 감시와 견제 등 다양한 사회적 가치가 재조명되었고 탐정이라는 직업도 제도권으로 편입되기 시작했다.

1980년대 들어 스페인 정부는 경찰력의 한계를 보완하기 위한 방안으로 민간 탐정 제도 도입을 추진하게 된다.

경제 불안정과 예산 제약으로 인해 공공 경찰력 확대가 어려운 상황에서 법적 자격을 갖춘 민간 탐정을 제도화함으로써 치안과 정보 조사 기능을 강화하고자 했던 것이다. 탐정이 개인의 의뢰를 처리하는 사적 조사자에서 벗어나, 사회 전체를 위한 준공공적 역할을 수행할 수 있도록 제도화하는 시도였다.

스페인의 국가공인탐정Detective Privado Autorizado은 법률상 정식 자격을 갖춘 전문가다. 활동 범위도 명확히 규정되어 있다. 정보 수집, 사생활 보호, 산업 스파이 조사, 보험 사기 조사, 민사소송 지원 등 다양한 분야에서 경찰의 사각지대를 보완하며 활동해왔다. 마드리드나 바르셀로나 같은 대도시뿐 아니라 치안 자원이 상대적으로 부족한 중소 도시와 농촌 지역에서는 탐정의 역할이 사실상 필수적이다. 현재 스페인 탐정들 중 상당수는 퇴직한 경찰관이나 군인 출신이며, 이들은 자신들의 법적, 형사적 전문성을 바탕으로 각종 사회문제 해결에 중요한 기여를 하고 있다.

또한 스페인의 독특한 정치 지형 역시 탐정 산업의 성격을 결정짓는 요인 중 하나다. 바스크 지방이나 카탈루냐 지방처럼 분리주의 성향이 강한 지역에서는 중앙정부와 지역 간의 갈등이 잦고 경찰 조직의 일관된 개입이 어려운 경우가 많다. 이러한 지역에서 탐정은 지역 주민의 신뢰를 바탕으로 갈등을 중재하고, 사건의 실체 규명에 중요한 역할을 한다. 지역 공동체의 사회질서 유지에 기여하는 공공적 주체로도 작동하고 있다.

    스페인 탐정은 글로벌 경제 구조 속에서 EU 및 라틴아메리카 국가들과의 국제 사건 해결에도 참여하고 있으며, 특히 과거 식민지였던 멕시코, 아르헨티나 등과의 네트워크를 기반으로 한 정보 수집과 분쟁 조정 능력이 강점이다. 유럽 내의 지식재산권 분쟁, 상표권 침해 조사, 국제 이중 계약 문제 등 법률적 사안에서도 스페인 탐정들은 네트워크를 활용해 독자적인 영향력을 구축하고 있다.

독일

　탐정이라는 직업은 국가의 법 체계와 역사, 문화에 따라 매우 다른 모습을 띤다. 유럽 대륙의 대표적 법치국가인 독일과 프랑스에서 탐정은 단지 사적 의뢰를 해결하는 사람이 아니다. 엄격한 자격 요건과 법적 규제 아래에서 활동하며, 국가의 사법 기능을 보조하는 반+공적 역할을 수행한다. 실용성과 자율성을 중시하는 영미권의 탐정 제도와는 확연히 다른 대륙법계 국가의 독특한 모습이다.
　프랑스와 독일은 로마법에 기초한 대륙법계Civil Law 국가로, 국회에서 제정한 성문법을 기준으로 탐정 활동을 규율한다. 이와 달리 미국, 영국, 호주 등 영미법계Common Law 국가에서는 판례와 관습도 법적 효력을 갖기 때문에 법에 명시된 금지 사항만 피하면 비교적 자유로운 범위 내에서 탐정이 활동할 수 있다. 이런 차이는 각 법 체계의 가치 지향과 깊은 관련이 있다. 대륙법계는 안정성과 예측 가능성을 중시하는 반면 영미법계는 유연성과 실용성에 방점을 둔다.

독일은 체계와 규율을 중시하는 나라다. 신성로마제국이라는 이름 아래 수많은 소국으로 분열되어 있었던 독일은 19세기 말까지 통일된 국가가 아니었다. 그러다 1860년대 프로이센 왕국의 비스마르크가 통일 운동을 주도했다. 비스마르크는 1871년 독일 제국을 수립하고 강력한 중앙집권 체제를 구축했다. 이 시기 독일은 급격한 산업화를 이루며 경제 강국으로 도약했고 법과 질서에 기반한 통합된 국가 운영 체계를 정비했다. 이러한 역사적 과정은 오늘날 독일의 탐정 제도에까지 영향을 미치고 있다.

독일은 탐정이라는 직업을 사회질서 유지의 연장선에서 보고 있다. 탐정이 되기 위해선 상당히 까다로운 과정을 거쳐야 한다. 4년제 대학 졸업 이상의 학력은 기본이며, 전과 기록, 신용 상태, 파산 이력 등 철저한 신원 확인 절차를 거쳐야 한다. 탐정이 되기 위한 전문 교육도 필수이며, 일정 시험을 통과해야만 공인 탐정으로 활동할 수 있다.

특히 독일의 1급 탐정(상업 탐정Gewerblicher Detektiv)은 사법적 권한을 갖고 있다. 대형 쇼핑몰이나 보안이 필요한 산업 현장에 상주하면서 절도범이나 사기범을 현장에서 체포하고 1차 조사까지 진행할 권한이 있다. 이는 준準사법기관으로서의 성격을 가진 탐정 제도의 전형적인 예다.

독일에서는 탐정이 수집한 자료가 법정에서 공식 증거

로 채택되는 경우가 많다. 탐정의 조사 방식이 사전에 법적으로 규율되어 있기 때문이다. 탐정의 활동이 곧 법 집행 과정의 일부로 간주되는 시스템이다. 따라서 탐정에게 높은 수준의 법률적·윤리적 책임감이 요구된다. 독일 탐정은 철저한 전문성, 명확한 권한, 엄격한 자격 요건을 갖추고 사회질서의 한 축을 담당하고 있다.

프랑스

프랑스는 현대 탐정 제도의 기틀을 세운 인물을 배출한 나라다. 바로 외젠프랑수아 비도크다. 그는 19세기 초 나폴레옹 시대의 혼란 속에서 등장하여 1811년 프랑스 경찰 내에 현대 수사 기구의 원형이라 할 수 있는 범죄수사부 Sûreté를 창설했다. 전직 범죄자로서 범죄심리를 꿰뚫는 통찰력과 혁신적 조사 기법으로 수많은 사건을 해결하며 신뢰를 얻었다. 그의 경험과 기록은 후에 탐정소설의 모티브가 되었고 비도크는 현대 탐정의 아버지로 불리게 되었다.

비도크의 활동이 가능했던 배경에는 프랑스의 격동하는 역사가 존재한다. 1789년 프랑스 대혁명은 절대왕정을 무너뜨리고 인권선언과 시민 혁명의 물결을 유럽 전역으로 확산시켰다. 이후 나폴레옹은 민법전을 제정하며, 법률 중심의 통치 체계를 수립했다. 19세기 프랑스는 산업화와 왕정복고, 그리고 1870년 프로이센-프랑스 전쟁(보불전쟁)의

패배로 인한 제3공화국의 성립이라는 일련의 격변을 겪었다. 두 차례의 세계대전과 알제리 전쟁(1954~1962)에 이르기까지 프랑스는 끊임없이 변화를 겪으며, 법과 제도로 사회를 재정비해왔다.

이러한 역사적 흐름은 프랑스 탐정 제도에도 깊게 스며들어 있다. 프랑스 역시 독일과 마찬가지로 탐정이 되기 위해선 고등교육 이수, 국가 공인 시험 합격, 범죄 이력 없음, 전문 교육 수료 등의 조건을 충족해야 한다. 업무 범위 역시 법률에 명시되어 있으며, 이를 넘어서면 위법이다. 프랑스 탐정은 특히 기업 사기, 지식재산권 침해, 실종자 추적, 보험 사기 조사 등의 분야에서 활약하며, 수사기관과는 구별되는 민간 전문가로서의 위상을 갖는다.

프랑스에서도 탐정이 수집한 자료는 일정 요건을 충족할 경우 법정 증거로 채택된다. 이는 탐정이 활동하는 모든 과정이 법적으로 인정받고 공식 기록화될 수 있다는 의미인 동시에 조사 방법에 있어 높은 수준의 절차적 정당성이 요구된다는 뜻이다. 다시 말해 프랑스의 탐정은 법률의 틀 안에서 사회적 정의를 실현하는 준전문가로서의 역할을 수행하는 것이다.

프랑스와 독일은 탐정에게 '자유'를 주기보다는 책임을 부여하는 제도를 택했다. 탐정은 단순한 기술자가 아니라 법률과 윤리의 테두리 안에서 정보 수집·분석·재구성 그리고 보고까지를 체계적으로 수행하는 전문가다. 이들은 사회적 질서를 위협하는 요소를 식별하고, 그에 대응할 자료를 축적하며, 때로는 국가기관이 접근하기 어려운 영역에서 민간의 눈으로 진실을 추적한다.

독일과 프랑스, 이 두 나라의 사례는 탐정이 단지 의뢰인의 편에 서는 존재가 아니라 공공성과 법적 정당성을 동시에 지닌 중재자가 될 수 있음을 보여준다. 또한 법의 테두리 안에서 탐정의 권한을 정하고 이를 제도화함으로써 사회 전체의 신뢰를 얻는 방식은 탐정이 제도화되지 않은 국가들에 강한 시사점을 제공한다.

탐정의 활동은 결국 사람을 이해하고 사회를 정리하는 것이다. 프랑스와 독일은 이 과정을 국가 시스템 안에 통합하여 관리함으로써 탐정이라는 직업이 갖는 위험성과 잠재력을 동시에 제어하고 있다. 이는 한국이 탐정의 법적 제도화에 참고할 만한 선진적 사례다.

일본

현재 일본에는 약 10만 명에 이르는 탐정이 활동하는 것으로 추정된다. 이 숫자는 직업 수치 이상의 의미를 지닌다. 일본 사회에서 탐정은 특정한 시대적 요청에 의해 등장하고 사회문화적 구조 안에서 진화해왔다. 일본의 탐정업은 봉건제와 사무라이 문화에서 비롯되었다.

도쿠가와 이에야스德川家康와 도요토미 히데요시豊臣秀吉는 일본 통일의 상징적인 인물이다. 히데요시는 130년간 지속된 무장 영주들 간의 전쟁(전국시대)을 끝내고 일본을 통일했다. 자신의 권력을 안정시키고 강화하기 위해 이에야스의 군사력을 소모시키고 일자리를 잃은 무사들을 달랠 의도로 조선을 침공했다. 이에야스는 참전 요구에 소극적으로 대응하며 지금의 도쿄인 에도 지역을 개발하여 경제적인 기반을 다졌다. 이에야스가 구축한 사회 시스템 덕분에 에도막부 시대는 250년간 평화롭게 지속되었다. 하지만 사무라이 중심의 위계적인 사회였다. 잘못을 저지른 자는 즉결 처형되는 사례도 흔했다. 이러한 두려움은 일본 사회 특유의 겸손함과 예절 중심 문화를 낳았다. 탐정이 담당하는 감시와 통제, 질서 유지의 전통은 이러한 역사적 토양에서 싹튼 것이다.

　　2차 세계대전 이후 일본은 미국의 점령과 한국전쟁을 통해 경제 부흥의 기회를 잡았다. 군수 공장이 재가동되면서 경제 기반이 회복되었고 1960년대 이후에는 세계 무대에서 경제 대국으로 부상하게 된다. 이 시기에 급격한 산업화와 함께 범죄와 사기, 사회적 갈등이 증가했고, 이에 대응할 새로운 직업군에 대한 수요가 생겨났다. 그렇게 미국의 탐정업 모델이 일본에 도입되었다.

　　일본 정부는 미국식 공인 탐정 제도를 받아들여 경찰 조직인 경시청이 탐정 자격증을 발급하는 체계를 마련했다. 이는 단순한 민간 서비스의 확대를 넘어서, 질서와 공공 안전을 유지하기 위한 국가적 대응이었다. 탐정은 이때부터 단순한 정보 제공자나 실종자 추적자를 넘어, 비즈니스 관계 검증, 평판 조사, 기업 신뢰도 분석 등 신뢰 사회를 유지하기 위한 핵심 도구로 기능하기 시작했다.

　　일본 사회는 전통적으로 가족과 공동체 중심의 가치를 중시해왔다. 이 공동체 안에서 '타인의 평판'은 매우 중요한 요소로 작용한다. 탐정의 역할은 이러한 문화 속에서 더욱 강화되었다. "그 사람은 어떤 사람인가요?"라는 질문은 단순한 호기심이 아니라 사고를 피하고, 갈등을 예방하며, 폐쇄적인 공동체 내부에서 조화를 유지하기 위한 삶의 전략이 되었다. 특히 전국시대 이후 낭인(로닌)으로 불리는 영주 없는 사무라이들이 반란을 일으키는 사건이 많았기 때문에 외모나 말보다는 배경과 과거를 중요하게 생각하는 문화가 형성되었다.

이러한 역사적인 배경 속에서 탐정은 사람의 과거를 추적하고, 현재의 위험 가능성을 진단하며, 미래의 선택을 돕는 조력자가 되었다. 특히 기업 사회에서 탐정의 역할이 더욱 중요하게 부상했다. 일본은 중소기업 강국으로, 100년 이상 된 기업도 드물지 않다. 거래를 시작하기 전에 파트너 기업이나 인사의 배경을 철저히 조사하는 것이 관행으로 자리 잡았고, 이 과정에서 탐정이 수행하는 평판 조사, 기업 실사, 기술 보안 점검 등이 필수적인 사전 절차가 되었다.

초기 탐정업의 주요 업무는 전쟁으로 흩어진 가족을 찾는 일이었다. 수많은 실종자와 이산가족이 발생한 전후 사회에서 탐정은 가출 미아나 행방불명자의 흔적을 추적하는 인간 중심 조사자였다. 하지만 점차 산업화가 진행되고 사회가 복잡해짐에 따라 탐정의 업무도 실종자 수색에서 기업 정보 수집, 기술 유출 감시, 사회적 리스크 분석 등으로 다양화되었다.

또한 일본에는 야쿠자라는 범죄조직 문화가 존재한다. 야쿠자는 낭인 출신 무사들이 생계를 위해 만든 집단에서 비롯되었고, 2차 세계대전 중에 일본 정부는 이들을 공식적으로 군에 편입시키기보다 '통제 가능한 범죄조직'으로 활용했다. 전후 야쿠자들이 조직폭력배로 변모해 한때 일본과 미국의 지하 경제를 장악하기에 이르렀다. 이들은 한동안 탐정업에도 진출했지만 결국 신뢰 부족, 불법성, 폭력성 등의 문제로 사회적 지탄을 받으며 쇠퇴하게 된다. 오늘날 일본의 탐정 업계는 주로 경찰 출신이나 합법적 자격을 갖춘 민간 전문가들에 의해 운영되고 있으며, 협회 단위의 자율 규제 시스템하에 관리되고 있다.

현재 일본의 탐정업은 고도화된 사회적 요구에 맞추어 기술적으로도 진화하고 있다. 산업기술 유출, 특허 분쟁, 글로벌 기업 간의 분쟁, 산업 스파이 대응과 같은 고난도 사건을 다루기 위해 탐정들은 고성능 데이터 분석, 컴퓨터 포렌식, 사이버 보안 기술을 활용한 하이테크 탐정으로 진화하고 있다. 이들은 디지털 단서 속에서 실마리를 찾고, 보이지 않는 정보의 흐름 속에서 패턴을 포착한다. 특히 일본의 기술 중심 기업 구조에서는 탐정이 보안 컨설팅, 내부 감사, 리스크 예측 업무까지 수행하며 전략적 파트너로 자리매김하고 있다.

한편 일본의 탐정 제도는 과거에는 국가가 직접 관리하는 공익적 체계에 가까웠다. 경시청이 자격증 발급과 활동을 통제했고, 이는 탐정의 공적 신뢰성을 확보하는 데 유리하게 작용했다. 그러나 최근에는 국가가 직접 관리하기보다는 민간 협회를 통한 자율 규제 체계로 전환되었다. 탐정 협회는 회원사의 자격 관리, 윤리 교육, 민원 처리, 사건 대응 지침 등을 마련하며 탐정 산업의 전문성과 신뢰도를 유지하고 있다.

요컨대 일본의 탐정은 단순한 정보 수집의 기능을 넘어, 사회적 불확실성을 낮추는 장치, 디지털 리스크에 대응하는 전문 직업군, 그리고 전통적 신뢰 사회를 지키는 감시자로 기능하고 있다. 이 모든 역할은 일본이라는 사회가 지닌 역사, 문화, 기술, 제도의 축적 속에서 형성된 것이며, 그 바탕에는 '서로를 쉽게 믿지 않되, 서로를 지키는 방식으로 신뢰를 만들어가는 문화'가 깔려 있다.

탐정이란 단순히 사람을 의심하거나 감시하는 직업처럼 보일 수 있다. 그러나 일본의 사례는 우리에게 다른 시각을 제시해준다. 탐정은 '사람과 사람 사이의 신뢰'를 지키는 사회적 장치이자 전통과 현대, 감성과 기술을 아우르는 복합적인 문화적 산물이다. 디지털 사회로의 전환이 가속화되고 있는 지금, 일본의 탐정업이 보여주는 변화는 단순히 직업군의 진화가 아니라 사회 전체가 신뢰를 어떻게 구성하고 유지하는지를 반영하는 하나의 거울이기도 하다.

스웨덴

국민들이 국가에 대한 신뢰도가 높은 사회일수록 부패지수가 낮다. 그리고 전세계적으로 문제가 되는 불평등지수도 낮다. 국가신뢰도 조사에서 가장 높게 나오는 나라들은 북유럽 국가들이다. 북유럽 복지국가의 모델을 대표하는 스웨덴은 투명하고 윤리적인 사회로 알려져 있다. 사회 전체에 깊게 뿌리내린 '신뢰 문화'와 '공공 윤리'로 인해 국제사회에서 특별한 위치를 차지하고 있다.

이 조용하고 평화로운 국가가 '탐정 문학'의 중심지이자 글로벌 탐정 산업의 새로운 요충지로 떠오르고 있다. 19세기 미국에서 탄생해 세계적인 보안회사로 성장한 핑커튼사와 국제 금융 정보 및 기업조사 분야의 강자였던 크롤이라는 두 거대 탐정회사가 결국 스웨덴 기업에 인수되었다는 사실은 이 나라가 왜 지금 '탐정의 나라'로 주목받는지를 알려주는 중요한 단서다.

스웨덴은 한때 유럽에서 가장 강력한 군사 국가 중 하나였다. 17세기에 스웨덴은 발트해 일대를 장악하고 북유럽을 호령하던 강대국이었다. 그러나 대북방전쟁(1700~1721)의 패배를 기점으로 점차 군사적 패권에서 물러나 '중립과 평화'를 지향하는 국가로 방향을 틀었다. 이후 19세기 후반에 접어들면서 스웨덴은 산업화를 빠르게 경험했고 그에 따라 노동자 계층과 자본가 간의 격차가 심화하기 시작했다. 이 시기에 사회 갈등을 조율하기 위한 정치적 대안으로 사회민주주의와 강력한 노동조합 운동이 등장했고 20세기 초반부터 스웨덴은 복지국가 체제를 본격적으로 구축하기에 이른다.

스웨덴식 복지국가의 특징은 단순히 혜택을 나누는 제도에 머물지 않는다. 복지의 전제는 국민과 국민 사이의 신뢰, 그리고 국가와 사회에 대한 신뢰다. 납세자의 세금이 정직하게 운영되고 있다는 확신과 공공기관 및 기업이 부정을 저지르지 않을 것이라는 믿음은 스웨덴 사회를 움직이는 가장 강력한 자산이다. 바로 이 믿음이 스웨덴이 윤리를 기반으로 한 탐정 산업의 발전지로 자리 잡을 수 있었던 근본 배경이다.

19세기 미국에서 탄생한 핑커튼사는 세계 최초의 대형 민간 탐정회사다. 핑커튼사는 미국의 서부 개척 시대에 철도회사와 은행, 광산회사 등의 자산과 정보를 보호하면서 막대한 부를 축적했다. 산업 스파이, 노동자 탄압, 금고 강도 단속 등으로 악명도 함께 얻었지만 정보 보안과 기업 조사라는 새로운 산업군을 형성한 선구자로 평가받는다. 그러나 20세기 후반 미국 내 탐정업에 대한 규제 강화, 민영 보안에 대한 인식 변화, 글로벌 경제 지형의 재편으로 인해 핑커튼은 그 중심지를 유럽, 특히 윤리적 기준이 높은 북유럽으로 이동시키게 된다. 결국 핑커튼은 스웨덴 기업에 매각되며 새로운 전환점을 맞이했다.

크롤사 역시 금융 범죄와 기업 리스크 분석, 산업기술 유출 대응 등 전문성 높은 탐정 서비스를 제공하던 글로벌 기업이었다. 특히 국제 분쟁 조정, 부패 조사, 내부 비리 적발 등에서 탁월한 실적을 보였고, 미국과 유럽을 넘나들며 다국적 기업의 눈과 귀가 되어왔다. 그러나 21세기 들어 윤리와 투명성을 중시하는 기업 환경이 중요해지자 크롤 역시 북유럽 시장에 주목하게 되었고 결국 스웨덴에 본거지를 둔 글로벌 보안 기업의 품에 안기게 되었다. 이들은 스웨덴이 가진 사회적 신뢰, 강력한 법치, 높은 디지털 인프라, 공공과 민간의 협력 기반을 새로운 사업 기회로 판단했던 것이다.

스웨덴의 탐정 시스템은 투명성과 법적 윤리를 최우선 가치로 설정한다. 탐정은 단지 의뢰인을 위해 정보를 수집하는 사람이 아니라 법적 기준을 준수하고 사회적 감시의 기능까지 수행하는 반#공공적 존재다. 스웨덴은 탐정업이 공권력의 보조적 역할을 수행하도록 설계되어 있으며, 과도한 권한 남용이나 불법적인 정보 수집은 엄격히 금지된다.

이는 유럽 대륙법계 국가인 독일이나 프랑스의 탐정 규제 구조와도 유사하지만 스웨덴은 여기에 '신뢰와 윤리'라는 북유럽 특유의 가치를 더해 탐정업을 관리한다.

스웨덴 탐정들이 주로 활동하는 영역은 산업 보안과 금융 리스크 관리 분야다. 기업 내부의 부정 조사, 기술 유출 대응, 이해관계자 리스크 분석, 사이버 보안 컨설팅 등 현대 기업 환경에서 발생하는 복잡한 문제에 대응하는 것이 핵심 업무다. 개인 영역에서도 개인정보 침해나 디지털 사기, 가족 문제 해결 등의 민감한 사안에 대응하지만 언제나 법적 절차와 윤리적 기준을 엄격히 준수하는 시스템하에서만 활동이 허용된다.

특히 주목할 점은 스웨덴 탐정들이 디지털 기술을 매우 능숙하게 활용한다는 점이다. 이 나라는 세계 최고 수준의 IT 인프라를 바탕으로 디지털 포렌식, 데이터 복원, 사이버 위협 분석 등의 기술을 탐정 업무에 접목하고 있다. 탐정들은 기술 전문가와 협업하여 사건의 실체를 규명해나가며, 이는 단순한 감시나 미행 중심의 전통적인 탐정과는 전혀 다른 모습이다. 스웨덴의 탐정은 곧 현대 정보사회에서의 문제 해결 전문가인 셈이다.

스웨덴은 북유럽 미스터리 소설의 중심 국가다. 특히 스티그 라르손의 《밀레니엄》 시리즈는 전 세계적인 베스트셀러로서 복지국가 스웨덴의 어두운 이면과 사회구조 속의 권력 남용, 범죄와 부패를 날카롭게 그려냈다. 주인공 리스

베트 살란데르는 스웨덴 사회가 요구하는 정의감, 윤리, 기술력, 독립성을 집약한 캐릭터다. 실제 스웨덴 탐정의 역할과 정체성을 잘 재현한 것으로 보인다.

스웨덴 탐정들은 사회정의와 법적 공정성을 함께 추구하는 윤리적 주체로 자신들을 정의한다. 복지국가의 틀 안에서 탐정은 무너진 신뢰를 복원하고 사회의 구조적 문제를 드러내는 '사회적 장치'로도 기능하는 것이다. 스웨덴의 탐정 시스템은 그 자체가 하나의 모델이다. 강력한 복지 체계와 공공 행정의 투명성, 그리고 시민 간의 높은 신뢰는 탐정이라는 민간 영역조차도 공공의 원칙에 따라 운영될 수 있음을 보여준다. 핑커튼과 크롤이라는 세계적 기업이 이 땅에 뿌리를 내린 것도 단지 세금이나 비용의 문제 때문이 아니라 이 나라가 가진 '신뢰 자본'과 '윤리 인프라'가 탐정 산업을 지속 가능하게 하는 가장 중요한 요소였기 때문이다.

이제 탐정은 복지국가의 투명성을 지키는 감시자이고, 사회적 정의의 균형추이며, 기업과 개인 사이의 갈등을 조율하는 조정자다. 그리고 그 역할을 가장 이상적인 환경 속에서 수행할 수 있는 나라 중 하나가 바로 스웨덴이다.

마치는 글

　나는 원래 범죄학과 범죄심리학, 범죄수사학을 연구하던 연구자였다. 20년 전, 우연한 기회에 민간 자격으로 발급되고 있던 탐정 자격 과정에서 '탐정이 알아야 할 범죄심리학과 합법적인 조사 기법'에 대해 강의해달라는 의뢰를 받았다. 그때 처음으로 우리나라에 실재하는 탐정이라는 영역에 대해서 알게 되었다. 범죄학자로서 미국이나 영국, 일본 등 선진국에 직업으로서 탐정이 있다는 것을 알고 있었지만 불모지인 국내에서 탐정을 양성하고 제도화하기 위해 노력하는 집단이 있다는 사실에 깊은 감명을 받았다.

　범죄를 예방하고 해결하는 데는 경찰이나 검찰의 공권력만으로 한계가 있다는 사실을 절감하던 내게 이들과의 만남은 내 인생의 중요한 분기점이 되었다. 탐정 양성 과정에서 강의하고 이들과 교류하면서 복잡해진 사회구조 속에서 다양해진 사건과 문제들을 해결하기 위해선 민간 탐정이 필요하다는 확신이 들었다. 정식으로 탐정학과를 만들어 체계적으로 탐정 인력을 양성하고 탐정 분야를 연구하는 연구자들을 양성해야겠다는 결심을 하게 되었다.

이 분야를 연구한 지 벌써 30년이 되어가는 마당에 계속 무엇인가를 생각하고 이를 글로 적는 것이 어렵지 않느냐는 질문을 받곤 한다. 주변의 친구와 지인들이 새로운 재미를 찾기 위해 다양한 방식으로 시간을 보내는 것을 보면서 나도 그러고 싶다는 생각이 들기도 한다. 하지만 끊임없이 새로운 것을 연구하고 이에 대한 결과물을 내놓는 것이 나에게는 가장 큰 즐거움이자 보람이다.

　범죄를 예방하거나 사회적 약자를 보호할 정책을 제안하고 이와 관련한 논의에 참여하면서 계속 느끼게 된 것은 민간 영역에서 관련 내용을 제대로 숙지하고, 숙련된 기술을 활용하여 어려운 사람들을 돕는 집단이 필요하다는 점이었다. 특히 변호사를 300명만 선발하던 시대에 대학을 다니고 공무원이나 사법기관이 지금과는 다르게 권위적이었던 시대를 경험한 나로서는 민간 영역의 공익적 직업이 많아져야 한다는 생각을 더욱 뼈저리게 가질 수밖에 없었다.

　20년 전 '민간조사원'으로 불리던 탐정 교육을 하게 되었고 극히 열악한 환경에서 자부심을 가지고 현업에서 일하는 여러 탐정 선배님들을 보면서 일종의 사명감을 가지게 되었다. 이분들이 어깨를 펴고 일할 수 있는 시대가 열릴 수 있도록 적극적으로 참여하기로 했다. 그동안 내가 가지고 있는 연구자로서의 능력과 에너지를 탐정이라는 영역에 쏟아부었다.

　대학원 과정에서 나를 지도해주신 고故 이상현 교수님

과 이윤근 교수님은 경찰이나 검찰과 같은 사법기관들이 앞으로 할 일이 더 많아질 것이고 이에 대비하기 위해서는 반드시 민간 영역의 새로운 파트너가 필요하다는 점을 항상 나에게 역설했다. 이 두 분의 가르침은 나에게 민간 경비와 탐정의 중요성을 인식하게 되는 중요한 전환점이 되었으며, 지금도 그 당시의 말씀을 계속 되뇌곤 한다.

나는 탐정학을 연구하는 사람으로서 탐정이 세상에 어떤 역할을 해야 하는지, 그리고 그들이 어떤 자세로 사건과 사람을 대해야 하는지에 대해 늘 고민한다. 탐정은 단순히 사건을 해결하는 사람이 아니라 진실을 밝혀내고 그 진실의 무게를 감당해야 하는 사람이다. 이는 단순히 전문 기술과 경험만으로는 해결할 수 없는 부분이다. 진실을 마주하는 순간, 탐정은 그로 인해 발생하는 윤리적, 감정적, 심리적 후폭풍을 견뎌야 하며, 때로는 그 진실이 의뢰인에게 더 큰 고통을 안겨줄 수도 있다는 현실을 마주하게 된다.

이러한 딜레마 속에서 탐정은 진실을 전하는 방법과 시기를 고민해야 한다. 진실은 때로는 의뢰인을 치유하고 사건의 본질을 해결하는 열쇠가 되기도 하지만, 반대로 상처를 더 깊게 할 수도 있다. 그래서 탐정은 진실을 전달할 때 단순히 사실을 나열하는 것에 그치지 않고, 의뢰인이 그 진실을 받아들일 수 있는 방식과 태도에 대해서도 신중하게 고민해야 한다. 이는 기술적 능력 이상의 깊은 공감과 윤리적 판단을 요구한다.

　나는 탐정 후배들과 학생들에게 "탐정은 기술자이기 이전에 인간에 대한 깊은 이해를 가진 사람이어야 한다"고 강조한다. 탐정은 사건 속에서 단순히 진실을 찾는 역할만이 아니라 사람과 사람 사이의 얽히고설킨 감정, 욕망, 갈등을 풀어내는 역할도 해야 한다. 이 과정에서 탐정 자신이 무너지지 않도록 스스로의 내면을 단단히 다질 필요가 있다. 내가 탐정학과 교수로서 후배들에게 전달하고 싶은 가장 중요한 메시지 중 하나는 "탐정의 윤리는 곧 탐정의 생명"이라는 것이다.

　탐정의 윤리는 단순히 법을 준수하는 것을 넘어선다. 윤리는 탐정이 사건과 사람을 대하는 기본적인 태도이며, 진실을 밝히는 과정에서 자신의 역할과 한계를 인식하는 중요한 기준이 된다. 탐정은 자신의 행동이 의뢰인과 사건의 당사자들에게 어떤 영향을 미칠지를 항상 고민해야 한다. 그렇기 때문에 나는 학생들에게 항상 묻는다. "이 진실이 의뢰인에게 어떤 의미가 될 것인가?", "이 진실을 알림으로써 더 나은 결과를 만들 수 있는가?" 이 질문에 진지하게 답할 수 있어야 비로소 그는 진정한 탐정으로 성장할 수 있다.

　탐정학과 교수로서 가장 역점을 두는 것은 이 부분이다. 일선에서 일하는 후배 탐정들의 외로운 고민을 들어주면서 옳고 그름에 대한 판단의 중심을 잡아주고 최종 딜레마에 대한 최종 보루가 되어주는 것, 이것이 나의 역할임을 깨닫는다.

　나의 남은 인생의 목표는 탐정 후배들과 학생들에게 이러한 고민과 태도를 전수하는 것이다. 그들이 윤리와 전문성을 겸비한 탐정으로 성장할 수 있도록 돕는 것이 나의 사명이다. 나는 그들이 나보다 더 나은 탐정이 되기를 바란다. 내가 살아온 길이 험난했다면 그 길을 더욱 다듬어 후배들이 조금 더 바르고 쉬운 길을 걸을 수 있도록 돕고 싶다.

　탐정은 단순히 사건을 해결하는 직업이 아니다. 탐정은 사람을 이해하고, 진실을 통해 세상을 조금 더 나은 방향으로 변화시키는 직업이다. 그 과정에서 탐정 자신도 성장하며, 진실의 무게를 감당하는 법을 배우게 된다. 나는 이 길을 걷고자 하는 이들에게 탐정의 진정한 의미를 전하고, 그들이 진실을 밝히는 과정에서 자신의 길을 잃지 않도록 길잡이가 되고자 한다. 그것이 내가 지금까지 살아온 이유이며, 앞으로도 내가 살아가야 할 이유다.

부록 -

탐정이 되는 과정

현재 우리나라의 탐정자격증은 국무총리실 직속 공공기관인 한국직업능력원(이하 직능원)에서 자격 인증을 하고 있으며, 이에 대한 관리 감독은 경찰청이 담당하고 있다. 직능원은 민간에서 운영하는 자격증을 공인하는 업무를 담당하며, 많은 종류의 민간 자격을 관리한다. 탐정자격증은 순수 민간 자격이 아니라 직능원에서 인증한 자격증의 성격을 가진다. 경찰청은 자격증에 대한 사후 감사를 수행하며, 자격증 발급 시에 경찰청의 의견이 반영된다.

현재 탐정 자격을 발급받으려면 직능원과 협의가 이뤄진 기관에서 자격 과정을 이수해야 한다. 이 과정에는 보통 100~120시간 정도의 교육이 포함되며, 과정을 완료한 후에는 시험을 통과해야 한다. 자격 과정은 협회마다 다를 수 있으나 일반적인 필수 과목으로는 탐정학개론, 범죄심리학, 그리고 조사 기법(미행, 추적, 탐문 등)이 포함된다.

최근 트렌드 중 하나는 도·감청 방지 기술이다. 산업 스파이 사건이 증가하면서 도청과 감청을 탐지하거나 몰카를 발견하는 기술이 중요한 역할을 하고 있다. 이와 관련하여 탐정들은 전문 기술자들이나 교수들로부터 직접 장비를 활용한 시연을 받으며, 몰카 탐지와 도청 탐지와 같은 과목을 교육받는다.

과학수사 기법 또한 탐정 교육의 중요한 부분이다. 경찰청의 현직 CSI 요원들이 탐정협회에 강사로 나와 지문 감식, 루미놀을 이용한 혈흔 분석, 유전자 샘플 분석 등 기초 과학수사 기법을 교육한다. 이와 같은 과학적 접근은 사건 해결에 필수적인 요소다. 또한 체포술과 무술 교육도 포함된다. 탐정들이 조사 과정에서 위험에 처할 수 있기 때문에 자기 방어 기술과 호신술 교육이 필요하다. 기본적으로 자기를 방어할 수 있는 방법을 배우는 것은 필수다.

고급 탐정협회에서는 운전 기법 교육도 이루어진다. 이 교육은 경찰학교에서 배우는 미행 추적 운전 기법과 유사하며, 도망가는 차량을 추적하거나 막아서는 기술을 포함한다. 이와 함께 드론 촬영을 통한 증거 채집도 중요한 과목으로 추가되고 있다. 드론 과목은 최근에 많은 협회에서 필수 과목으로 채택되고 있다. 탐정 업무 중 차량을 통한 이동이 많기 때문에 차량 추적에 대한 기술도 필수적이다. 미행 대상이 운전 중에 백미러를 자주 확인하면 추적이 노출될 수 있으므로 이를 방지하기 위해 적절한 거리를 유지하는 법과 신호 앞에서 차를 놓쳤을 때의 대응 방법 등을 배운다. 이러한 운전 기술은 선배들의 노하우에 기반한 교육을 통해 습득할 수 있다. 따라서 미행과 차량 추적 모두 실무적인 내용을 포함한 교육이 필요하다.

마지막으로 법률 지식도 중요하다. 탐정들은 형법, 민법, 지식재산권 관련법, 공공 고발 관련 법률 등을 포함한 법률 교육을 받는다. 이러한 법률 교육은 보통 10시간 이상 진행되며, 탐정 업무 수행에 필요한 법적 이해를 높인다. 이러한 교육을 통해 탐정들은 다양한 분야의 지식과 기술을 갖추게 되며, 이를 바탕으로 면허 시험을 통과하면 탐정으로서 활동할 수 있다. 시험은 과락 없이 평균 70점 이상의 점수를 요구하며, 일반적으로 다섯 과목 정도를 시험 본다.

탐정 실무 교육

탐정 면허를 취득한 후 실무 경험이 부족한 탐정들에게 실질적인 교육을 제공하기 위해 실무 학원들이 나타나기 시작했다. 이는 긍정적인 변화로 볼 수 있다. 탐정 실무 교육에서 가장 중요한 부분은 미행 교육이다. 미행은 탐정 업무의 핵심 기술로, 상대방에게 인지되지 않도록 추적하는 것이 중요하다. 스토킹 방지법에 따라 미행 대상자가 자신을 인식하고 공포를 느끼게 되면 법적인 문제를 야기할 수 있기에 미행 기법을 습득하는 것은 필수적이다. 미행 교육에서는 보폭과 보행자의 속도, 그리고 미행 중에 자연스럽게 지나가는 기술을 배우게 된다. 경험에 기반한 다양한 노하우를 습득할 수 있다.

마찬가지로 탐정은 평균적인 키와 체형이 유리하다. 또 하나, 외모에 관한 것 중 중요한 것은 변장이다. 변장이 잘되는 사람이 있고 그렇지 않은 사람이 있다. 아무리 외모가 평범해도 변장으로 자신을 가릴 수 없는 사람이 있다. 이는 외모의 아이덴티티가 명확한 경우인데, 탐정 업무를 나가기 전에 이 점을 미리 테스트한다. 변장을 해도 주변 사람들이 이를 알아차리지 못하는지를 검토하는 변장 시뮬레이션 테스트를 반드시 거친다.

외모는 탐정의 업무 중 미행, 추적, 탐문, 분석, 체증(증거 채집)과 관련이 있다. 이런 업무를 할 때는 외모를 드러낸 상태에서 사람들과 접촉해야 하기 때문에 튀는 외모는 탐정이 정보를 수집하는 데 어려움을 줄 수 있다.

또한 패션 감각이 있는 사람은 필드 탐정 업무에 적합하지 않다. 아무리 평범한 옷을 입어도 태가 남다른 사람이 있다. 옷을 잘 입는 사람은 아무리 평범해 보이려고 해도 실제로는 변신에 실패할 수 있다. 그래서 탐정에게 문신은 업무상 금물이다. 문신을 과도하게 가진 사람들은 자기를 숨기기에 급급하여, 다른 사람을 위한 변신이 어려운 경우가 많다.

결론적으로, 탐정은 평범하고 보편적인 외모를 유지해야 하며, 상황에 맞는 외모와 배경을 갖추는 것이 중요하다. 이는 탐정이 효과적으로 업무를 수행하고 정보를 수집하는 데 필수적이다.

다음으로, 생활 반응 확인 교육이 있다. 생활 반응 확인 교육은 탐정의 조사 과정에서 실제로 필요한 기술 중 하나다. 예를 들어 특정 인물의 집에서 그가 나올 때까지 감시해야 할 경우 여러 가지 방법을 사용하여 그가 실제로 집에 있는지 확인할 수 있다.

첫 번째 방법은 우편물 확인이다. 우편물이 없거나 우편함이 빈 경우 그 사람은 외부로 나갔을 가능성이 있다. 또 다른 방법은 가스 계량기를 확인하는 것이다. 예를 들어 겨울철에 가스가 계속 돌아가는 경우

이는 난방이 작동하고 있음을 의미하며, 그 사람이 집에 있을 가능성이 있다. 이와 같은 방법은 탐정 교육 과정에서 배우는 기본적인 기술이다.

만약 이러한 방법으로도 확인이 어렵다면 쓰레기봉투를 조사하는 방법도 있다. 쓰레기봉투를 확인하여 그 안에서 음식물 쓰레기나 관련 정보를 찾아낼 수 있다. 이러한 방법은 경찰관들이 사용하는 기술과 유사하며, 탐정들은 교육 매뉴얼을 통해 배운다.

촬영 기법 역시 중요한 교육 내용이다. 산업 스파이를 조사하는 경우 접근하기 어려운 상황에서 접선 장면을 촬영할 때 스마트폰으로는 부족할 수 있기에 고강도의 카메라와 렌즈를 사용하는 것이 중요하다. 이러한 장비의 기능을 이해하고 적절히 사용하는 방법을 배우는 것도 탐정 교육의 일환이다. 탐정 교육에는 장비 준비에 관한 교육도 포함된다. 탐정은 4~5일 동안 집을 떠나야 할 수도 있으므로, 필요한 옷과 생필품, 호신용 도구 등을 준비해야 한다. 이러한 준비 사항들은 실무를 하면서 개인 매뉴얼로 관리되며, 교육기관에서 가르치는 내용이기도 하다.

탐정의 윤리

최근에는 탐정 윤리 교육도 강화되고 있다. 탐정 업무를 수행할 때 가격 책정의 공정성을 유지하고, 동업자나 고객과의 성윤리 문제를 예방하는 것도 중요하다. 또한 현금을 이용한 불법행위나 대포통장 사용과 같은 세금 회피 행위도 방지해야 한다. 윤리 교육은 탐정의 직업적 신뢰성을 높이는 데 필수적이다. 이러한 내용들은 현재 탐정 아카데미에서 탐정들의 전문성을 강화하기 위한 실무 교육의 중요한 부분으로 자리 잡고 있다.

탐정의 윤리 원칙 중 가장 중요한 것 네 가지를 꼽자면 첫 번째가 정보 오남용 금지. 탐정은 의뢰인에게 받은 정보를 자기 이익을 위해 활용해서는 안 된다. 탐정의 역할은 의뢰인이 요청한 조사를 진행하고 선임료를 받는 것에서 끝나야 한다. 조사 과정에서 얻은 정보를 통해 추가 수익을 얻거나 개인적인 이익을 추구하는 것은 절대 금지다. 이는 탐정이 의뢰인의 권익을 최우선으로 하고, 신뢰를 지키는 직업임을 보여주는 가장 중요한 윤리 원칙이다.

두 번째는 이중계약 금지다. 탐정은 절대로 의뢰인과 의뢰인의 반대편과 동시에 계약을 맺어서는 안 된다. 이는 변호사의 직업윤리와 같은 원칙이다. 변호사는 가해자와 피해자를 동시에 변호해선 안 되도록 강제되어 있다. 이중계약을 한 변호사에 대해서는 심할 경우 면허를 정지하거나 박탈하는 규정을 적용하고 있을 정도로 심각한 사안으로 보고 있다.

탐정의 핵심 윤리 원칙이 모두 '선을 따르는 것'으로 귀결된다는 점에서 탐정은 항상 공정성과 선을 지키려는 자세를 유지해야 한다. 이 원칙은 단순히 개인의 양심에만 의존하는 것이 아니라 법적 강제력과 규제가 뒷받침되어야 하는 부분이기도 하다. 탐정법이 제정되면, 법적 규제로 인해 선을 지키지 않는 탐정들이 처벌을 받고 탐정면허를 박탈당하게 될 것이다. 이는 탐정에 대한 국민의 신뢰를 지키는 길이며, 탐정시장의 혼탁함을 막기 위한 최후의 방어적 조치다.

탐정 집단의 관계에서도 인내력이 필요하다. 탐정은 혼자서 모든 일을 처리하기 어려운 경우가 많다. 다른 탐정에게 도움을 요청하거나 조언을 구해야 하는 상황도 많다. 대형 사건의 경우 혼자서 해결하기보다는 팀을 구성해야 할 때가 있다. 협업을 위한 사회적 내구성을 포함한 인내력은 필수다. 탐정으로서 성장하고 오랫동안 인정받기 위해서는 본능적인 욕구를 내려놓고, 극강의 인내력을 발휘해야 한다. 일반적인 인내력을 넘어서는 수준의 인내력이 필요하다는 것을 강조하고자 한다.

또 다른 하나는 상담 능력이다. 사람들은 대부분 마지막 수단으로 탐정에게 온다. 의뢰인이 찾아왔을 때 초반 상담이 중요하다. 어려운 사정에 대해 지지하며, 격려해주는 것이 기본이다. 의뢰인과 라포가 형성되어야 일이 시작될 수 있다. 라포가 형성되면 일이 잘되든 안 되든 간에 의뢰인은 일을 맡기려 할 것이다. 최대한 들어주고, 문제에 대해 구체적인 설계를 해주는 것이 필요하다. 또한 기획력도 중요하다.

탐정 업종에 대한 헌법재판소의 판결이 내려지자 정부는 이를 신속히 반영하지 못한 반면, 국세청은 발 빠르게 대응했다. 국세청은 헌법재판소의 판결이 발표되고 한 달 만에 탐정 서비스업 코드라는 새로운 세무 코드를 만들었다. 그 덕분에 탐정은 탐정 서비스업으로 등록한 뒤, 세무서에 부가세와 영업이익세를 내고 합법적으로 영업할 수 있게 되었다. 탐정 서비스업 코드가 부여된 이후 이 코드로 등록한 탐정들은 서비스업 면허를 발급받아 사업을 운영하고 있다.

향후 탐정법이 통과되면 탐정 업계에 추가적으로 요구될 사항이 있을 것이다. 그중 하나로 손해보험 가입이 필수가 될 가능성이 높다. 손해보험은 제공하는 서비스나 제조물에 사고가 발생했을 때 미리 가입한 보험으로 손해를 배상해주는 제도다. 현재 공인중개사 사무실 등이 이와 같은 보험에 가입되어 있으며, 탐정 업계도 이에 준하는 보험 가입이 필요할 것이다.

개인 사업자인 탐정은 약 5,000만 원까지 대인 및 대물 보상을 하는 보험에 가입해야 할 것으로 예상된다. 반면 법인 탐정회사는 1억 5,000만 원까지 보상하는 보험에 가입해야 할 것이다. 이러한 보험 가입은 탐정이 업무 수행 과정에서 의뢰인에게 손해를 입히는 경우나 미행 및 추적 중에 교통사고를 일으키는 상황에 대비하기 위한 것이다. 현재는 관련 보험이 없지만 탐정 업계가 정상화되고 사회로부터 인정받기 위해서는 이러한 보험 체계를 정립할 필요가 있다.

참고 문헌

• ADA Detectives(2024). *Private Investigators in Spain: What Can They Do?*, ADA Spain, https://adaspain.com/private-investigators-spain/.

• Agencia Gran Vía(2025). *El Informe del Detective Privado*, https://agenciagranvia.com/marco-legal/.

• Argudo Martínez, L., Blasco Ripoll, C. L., Pascual Cabello, S., Pérez-Ródenas Lechuga, R., & López Ruiz, F.(2016). *Investigación Privada en Secta*, Universidad de Alicante, Departamento de Filosofía del Derecho y Derecho Internacional Privado, pp.17-22.

• Barbier, Arnaud(2018). *Les Activités Privées de Sécurité à l'Épreuve du Droit Public Français: Contribution à l'Étude des Mutations de la Police Administrative*, Thèse de Doctorat en Droit Public, Université Paris, pp.13-17.

• Bita Heyeghe, Héritage(2023). *Les Fonctions de l'État Dans le Domaine de la Sécurité des Personnes et des Biens: Étude sur une Évolution Contemporaine*, Thèse de Doctorat en Droit Public, Université de Lorraine, pp.481-492.

• Boon, Kaat(1993). "La Fonction d'Enquête dans le Secteur Privé: Développements et Conséquences Pour les Polices Publiques", *Déviance et Société*, 17(2), pp.185-208.

• Business Research Insights(2025). *Tamaño del Mercado de Servicios de Detectives Privados*, pp.72-81.

• Capobianco, Léa(2024). *La Privatisation de la Sécurité Publique*, Mémoire de Master 2, Droit et Science Politique, Université d'Aix-Marseille, pp.31-38.

• Chambre Professionnelle des Détectives Privés Français(2018). *Livre Blanc de l'Investigation Privée: Enquêteurs Privés, une Profession Libérale et Juridique au Service du Droit et de la Justice*, Paris : CNSP-ARP, pp.87-95.

• Conseil National des Activités Privées de Sécurité(2024). "Agréer Votre Organisme de Formation", https://www.cnaps.interieur.gouv.fr/Vos-demarches/Vous-etes-un-organisme-de-formation/Agreer-votre-organisme-de-formation2/Agreer-votre-organisme-de-formation.

• Costa, R., Doménech Reig, J., Sánchez Carrasco, A., Abril Morcillo, K., & López Ruiz, F.(2016). I*nforme de Investigación Privada: Grupo "Sérpico Detectives"*, Universidad de Alicante, Departamento de Filosofía del Derecho y Derecho Internacional Privado, https://hdl.handle.net/10045/56007.

• Culmas Detectives(2025). *Detective Privado para Informes OSINT en Madrid*, https://agencia-detectives.com/servicios-investigacion-privada/tecnologicos/detective-privado-para-informes-osint-en-madrid/.

• Culmas Detectives(2025). *Detective Privado para Informes OSINT en Madrid*, https://agencia-detectives.com/servicios-investigacion-privada/tecnologicos/detective-privado-para-informes-osint-en-madrid/.

• Cuzco Detectives(2025). *El Poder de la Información, Curso OSINT: Investigación en Fuentes Abiertas*, Cuzco Detectives Group, https://cuzcodetectives.com/curso-osint-investigacion-fuentes-abiertas/.

• Datanyze(2024). Pinkerton company profile. Datanyze, https://www.datanyze.com/companies/pinkerton/42353752

• Directeur de l'Agence Synergies Investigations(2024). *La Recevabilité du Rapport du Détective Privé en Justice*, Paris: Synergies Investigations, pp.4-8.

• El País(2025). Qué Investigan los Detectives Privados en España?, *Los Entresijos de esta Profesión tan Cinematográfica*, https://elpais.com/estilo-de-vida/2025-03-01/que-investigan-los-detectives-privados-en-espana-los-entresijos-de-esta-profesion-tan-cinematografica.html.

• EU(2022). *European Union's General Data Protection Regulation and Private Investigators: Scope and Limits, Research Report*, https://commission.

europa.eu/law/law-topic/data-protection/legal-framework-eu-data-protection_en.

- Foucher, Patricia(2003). "Les Activités des Agences de Recherches Privées", *INC(Institut National de la Consommation) Hebdo*, No. 1272, pp.20-26.

- Grupo Arga Detectives(2024). *Complete Guide: How to Hire a Private Detective in Spain*, Grupo Arga Detectives Inc, https://argadetectives.com/en/complete-guide-how-to-hire-a-private-detective-in-spain-with-grupo-arga-detectives/.

- Guicheteau, Carine(2018). "Détective Privé: un Professionnel au Service de la Preuve", *Juriste d'Entreprise*, 30, pp.40-41.

- Gutiez, Julio(2006). *Los Detectives Privados no Tienen Licencia para Investigarlo Todo*, Vega Media Press.

- Kissinger, H. A., Schmidt, E. & Mundie C.(2024). *Genesis: Artificial intelligence, hope, and the human spirit*, Little, Brown & Company.

- Heras, Manuel García(2023). "Sobre el Contrato de Servicios del Despacho de Detectives Privados", *La Ley Soluciones Legales*, Diciembre 2023, pp.21-46.

- INSEE(National Institute of Statistics and Economic Studies)(2024). *NAF, Sous-Classe 80.30Z, Activites d'enquete*, https://www.insee.fr/en/metadonnees/cpfr21/sousCategorie/80.30.10.

- INTINVA(2024). "Legal Framework for Private Detectives in Spain", https://investigadorprivadomadrid.es/en/work-areas/legal-framework/.

- Japan PI(2022, October 7). *How to Hire a PI in Japan*, Japan PI Agency, https://www.japanpi.com/blog/background/how-to-hire-a-pi-in-japan/.

- Jung, S. K.(2024). "South Korea Leads AI Technology Standardization to Secure Global Competitiveness", *Business Korea*, https://www.businesskorea.co.kr/news/articleView.html?idxno=223878.

- Kalifa, Dominique(2007). *Histoire des Détectives Privés en France, 1832-1942*, 2ᵉ éd., Paris: Nouveau Monde Éditions, pp.45-61.

- Kissiah, Michael(2021). *Private Investigator's Licensing Handbook*, Brandy Lane, pp.31-37.

- KOTRA(2024.4). "일본의 AI 정책과 실제 사례", *Global Issue Monitoring*, pp.11-16.

- Lafont Nicuesa, L.(2022). *La Investigación Penal del Detective y su Valor Probatorio*, Universidad Nacional de Educación a Distancia, pp.987-995.

- Legifrance, République Française(2012). *Code de la Sécurité Intérieure, Version Consolidée au Création Ordonnance*, n° 2012-351 du 12 mars 2012.

- Legifrance, République Française(2013). *Code de la Sécurité Intérieure, Livre VI: Activités Privées de Sécurité*. Dernière Modification 6 Septembre.

- Legifrance, République Française(2019). *Code de la Sécurité Intérieure*, *Version Consolidée au Modifié par LOI*, n° 2019-486 du 22 mai 2019.

- LinkedIn(2024). Hill & Associates company profile, LinkedIn, https://hk.linkedin.com/company/hill-and-associates.

- Los Primeros Detectives Privados Españoles(2025). https://www.detectivestories.info/los-primeros-detectives-privados-espanoles/.

- Mascarenhas, O.(2009). *Detective Historiador: Jornalismo de Investigação e a sua Ética*, Instituto Universitario de Lisboa.

- Mougenot, Dominique(2010). "Détective Privé et Vie Privée: Un Couple Difficile à Accorder", *Journal des Tribunaux*, No. 6393, pp.298-302.

- Murbach-Vibert, Mathias(2010). *Les Pouvoirs d'Investigation en Droit Français: Essai d'Une Théorie Générale*, Thèse de Doctorat en Droit, Université Jean Moulin Lyon III, pp.534-542.

- National Institute of Standards and Technology(2023). *AI Risk Management Framework(NIST AI 100-1)*, U. S. Department of Commerce, pp.81-96.

- Nicuesa, Luis Lafont(2023). *La Ivestigación Fsica y Tcnológica de Címenes por el Dtective Pivado y su Vlor Pobatorio*, EPIN Legal Publishing House, pp.312-325.

- Ochoa Detectives(2023). *Hiring a Private Investigator in Spain: What You Should Know*, Ochoa Detectives, https://www.ochoadetectives.com/detectives-privados-madrid-precios/.

- Office for National Statistics of UK(2024). *UK Standard Industrial Classification(SIC) Hierarchy*, https://onsdigital.github.io/dp-classification-tools/standard-industrial-classification/ONS_SIC_hierarchy_view.html.

- Park, Sung-Mi(2024). *Automating Legal Inference for Crime Investigation: A Systematic Approach Using Hypothesis Reduction and Generative AI*, 고려대학교 정보보호대학원 박사학위논문.

- Pére, Eva Garrido(2019). "La Actuación de los Detectives Privados como Instrumento del Control Empresarial", *Revista aAndaluza de Trabajo y Bienestar Social*, pp.228-232.

- Pernot-Leplay, E.(2020). "China's Approach on Data Privacy Law: A Third Way between the United States and the European Union?", *Journal of Law & International Affair*, Penn State Law and School of International Affairs, No. 8, pp.9-50.

- PitchBook(2024). Hill & Associates company information. PitchBook. https://pitchbook.com/profiles/company/42340-96.

- Russell, S., Norvig, P.(2020). *Artificial Intelligence: A Modern Approach(4th ed.)*, Hoboken Publishing, pp.61-78.

- Sellam, Déborah(2017). *Évolutions et Mutations de la Sécurité Privée: Une Étude de Différents Modèles de Régulation*, Mémoire de 4ᵉ Année, Institut d'Études Politiques de Lyon, Université de Lyon, pp.17-23.

- Statistisches Bundesamt(2024). *Klassifikation der Wirtschaftszweige, Ausgabe*, https://www.destatis.de/DE/Methoden/Klassifikationen/Gueter-

Wirtschaftsklassifikationen/klassifikation-wz-2025.html.

• Syndicat National des Agents de Recherches Privées(2021). *Élections SNARP 2021: Élie Quenet Élue Présidente du Syndicat des Détectives Privés*, Communiqué de Presse, SNARP, pp.1-2.

• Syndicat National des Agents de Recherches Privées(2023). *Dossier de Presse 2023*, SNARP, pp.1-3.

• Toldos, David Magín Blanco(2020). *Investigación Privada: Teoría y Práctica*, Delta Publicaciones.

• Travers, Joseph A.(2005). *Introduction to Private Investigation: Essential Knowledge and Procedures for the Private Investigator*, Charles C. Thomas Publisher, pp.78-83.

• United States Census Bureau(2024). *North American Industry Classification System*, https://www.census.gov/naics/

• Visconti, Eduardo E. Taléns & Genovard, Ángeles Valls(2020). *La Actividad de los Detectives Privados en el Ámbito Laboralaspectos Sustantivos y Procesales de la Obtención de la Prueba*, Wolters Kluwer España, pp.67-72.

• X Investigations(2023, February 9). *Do Private Investigators Work With Police?*, February 9, https://cuttyinvestigations.com/do-private-investigators-work-with-police/.

• 강길안(2024). 〈공개정보(OSINT)의 수사절차에서의 활용의 범위와 한계〉, 서울대학교 대학원 석사학위논문.

• 강혜경(2024). 〈EU 인공지능법에 대한 연구: 인공지능 규율과 개인정보 보호의 관계를 중심으로〉, 전남대학교 대학원 박사학위논문, pp.234-238.

• 경찰대학교 치안정책연구소(2021). 〈민간조사제도(탐정업) 도입에 대한 법제적 검토〉, 경찰대학 정책연구자료집.

• 경찰청. (2025). 2024 범죄통계, 경찰청, https://www.police.go.kr/user/bbs/href%3D/component/file/ND_fileDownload.do?q_fileId=2556fe15-fe8d-4a70-a463-5849fe8bbfac&q_fileSn=158888

- 과학기술정보통신부(2023년 9월 25일). 〈대한민국이 새로운 디지털 규범질서를 전 세계에 제시합니다!〉, 보도자료, https://www.msit.go.kr/bbs/view.do?sCode=user&mPid=238&mId=113&bbsSeqNo=94&nttSeqNo=3183520.

- 국가통계포털(2024). 살인범죄 발생률(인구 10만 명당), 지표누리, https://www.index.go.kr/unify/idx-info.do?idxCd=4262.

- 국회 법률정보 사이트(2025년 5월). Ministerio del Interior, Ley 5/2014.

- 국회 의안정보시스템(2025년 5월). https://likms.assembly.go.kr/bill/main.do.

- 김미옥(2024). 〈저작권 전문탐정 역할에 관한 연구: 음악 엔터테인먼트 산업 분야를 중심으로〉, 가톨릭대학교 일반대학원 행정학과 탐정학전공 박사학위논문.

- 김상민(2025). 〈공공봉사동기 영향요인에 관한 연구: 조사탐정의 인식분석을 중심으로〉, 가톨릭대학교 일반대학원 탐정학전공 박사학위논문.

- 김상민·선준호·염건령(2023). "탐정의 실종사건 조사업무 효율성 제고 방안에 관한 연구", 〈산업진흥연구〉, 제8권 제4호, pp.242-243.

- 김영길(2020). 〈탐정제도의 합리적 도입 및 운영방안에 관한 연구〉, 한세대학교 일반대학원 경찰학전공 박사학위논문.

- 김정화(2023). 〈탐정제도의 공공성 확보방안에 관한 연구〉, 가톨릭대학교 행정대학원 탐정학전공 석사학위논문.

- 김정화·홍안유·염건령(2024). "탐정의 공공성 확보를 위한 방안 모색", 〈산업진흥연구〉, 제9권 제4호, pp.29-39.

- 김창기·천근영·염지혜·염건령(2025). "탐정의 AI활용과 관련한 윤리적 문제 고찰", 〈산업진흥연구〉, 10(3), pp.27-32.

- 경찰청(2024). 〈국회 행정안전위원회 경찰청 국정감사 내부보고자료〉, pp.231-237.

- 노수빈(2025년 8월 25일). "작년 살인피의자 절반은 '가족'…배우자 간 범행 18.5% 최다", 〈문화일보〉. Daum 뉴스, https://v.daum.net/v/20250825121056335.

- 안소희(2023년 7월 20일). "사설탐정, 인공지능 활용 역량 키워야…관련 자격증 교육 과정 마련", 〈동아일보〉. 티엠넘버스, https://tmnumbers.com/19/?idx=15976608&bmode=view.

- 권구용(2025년 8월 24일). "작년 살인 피의자 범행대상 2위 애인, 3위 자녀, 4위 부모…1위는?", 〈동아일보〉, https://www.donga.com/news/Society/article/all/20250824/132242223/1?gid=132242631&regdate=20250824&srev=2

- 박노환(2022). 〈하이테크 범죄에 대한 수사 수단의 법적 측면에 관한 연구: 범죄수사를 위한 컴퓨터 수색, 압수 및 전자적 증거획득〉, 호서대학교 대학원 석사학위논문.

- 박동균·김태민(2014). "영국 민간경비산업의 특징 및 시사점", 〈한국민간경비학회보〉, 제28호, pp.60-63.

- 선준호(2025). 〈법적 제약하에서 탐정의 증거수집 선택에 관한 연구〉, 가톨릭대학교 일반대학원 탐정학전공 박사학위논문.

- 선준호·김상민·염건령(2023). "탐정산업의 효율적 관리를 위한 법제화 연구", 〈산업진흥연구〉, 8(2), pp.159-160.

- 안문희(2017). 〈프랑스 민사소송에서의 증거법에 관한 연구〉, 대법원 사법정책연구원, pp.123-129.

- 양바울·정신선·염지혜·염건령(2025). "탐정업에 대한 표준산업분류체계 개선 방향에 관한 연구", 〈산업진흥연구〉, 제10권 제2호, pp.65-75.

- 염건령·박영수(2021). "범죄수사에서 탐정의 공익적 보완 역할", 〈한국경찰연구〉, 20(20), pp.112-119.

- 우상진(2025). 〈탐정 업무범위 설정에 관한 연구: 변호사와 탐정의 인식을 중심으로〉, 가톨릭대학교 일반대학원 탐정학전공 박사학위논문.

- 원형식(2022). "탐정사가 위법하게 수집한 증거의 증거능력", 〈원광법학〉, 38(1), pp.82–87.

- 이경한(2025). 〈탐정 윤리역량의 영향 요인에 관한 연구: 탐정의 인식조사를 중심으로〉, 가톨릭대학교 일반대학원 행정학과 탐정학전공 박사학위논문.

- 이상수·염건령(2022).《탐정학개론》, 대영문화사, pp.378-382.

- 이수경(2023). 〈비정형데이터를 위한 인공지능 기반 개인정보 추출 및 공개정보 프로파일링 연구〉, 서울여자대학교 일반대학원 석사학위논문.

- 이재민(2023). "공인탐정제도 도입에 따른 주요 쟁점 논의", 〈재난정보학회지〉, 19(2), pp.254-261.

- 일본정부통계 종합창구(e-Stat)(2024). 〈日本標準産業分類(2023년 7월 개정)〉, https://www.e-stat.go.jp/classifications/terms/10.

- 정경환(2022). 〈탐정학 고등교육과정의 교과목 설계에 관한 연구: 학부과정을 중심으로〉, 가톨릭대학교 행정대학원 탐정학전공 석사학위논문.

- 정경환·이경한·염건령(2024). "탐정학 고등교육 학부과정 표준모델 설계에 관한 연구", 〈산업진흥연구〉, 제9(4), pp.195-199.

- 박동웅(2023년 11월 15일). "국가공인탐정협회 최재경 회장, 사회친화적인 대한민국 최고 민간정보기관 꿈꾼다", KNS뉴스통신, https://www.kns.tv/news/articleView.html?idxno=867941.

- 中華人民共和國 統計局(2024). 〈国民经济行业分类〉, https://www.stats.gov.cn/sj/tjbz/gmjjhyfl/.

- 채종대(2019). <서비스경제 관점에서 본 산업분류체계의 타당성 검토 및 대안에 관한 연구: 표준산업분류 중심으로」, 국민대학교 일반대학원 박사학위논문, pp.35-42.

- 최선우(1999). 〈치안서비스 공동생산의 효과성에 관한 연구〉, 동국대학교 일반대학원 경찰학박사학위논문, pp.67-71.

- 통계청(2024), 〈한국표준산업분류(KSIC) 개요〉, 통계분류포털 소개자료, https://kssc.kostat.go.kr.

- 함슬기(2025). 〈생성형 인공지능 기술이 허위정보 대응에 미치는 영향: 미국, EU, 중국의 정책, 사례를 중심으로〉, 연세대학교 정보대학원 정보보호전공 석사학위논문.

- 허명범(2024). 〈치안서비스 공동생산 활성화 연구: 경찰조직과 탐정조직 간 협업을 중심으로〉, 가톨릭대학교 일반대학원 탐정학전공 박사학위논문.

- 허명범·김권호·염건령(2023). "디지털 관련 사회문제와 탐정의 역할", 〈산업진흥연구〉, 제8권 제4호.

탐정의 세계

초판 1쇄 펴냄 2025년 09월 30일
  2쇄 펴냄 2025년 10월 29일

지은이 염건령
펴낸이 이영은
편집장 한이
교정 윤정숙
홍보마케팅 김소망
디자인 조효빈
제작 제이오

펴낸곳 나비클럽
출판등록 2017. 7. 4. 제25100-2017-0000054호
주소 서울특별시 마포구 동교로22길 49 2층
전화 070-7722-3751 팩스 02-6008-3745
메일 nabiclub@nabiclub.net
홈페이지 www.nabiclub.net
페이스북 @nabiclub
인스타그램 @nabiclub

ISBN 979-11-94127-24-6 03300

이 책은 저작권법에 따라 보호를 받는 저작물이므로 무단 전재와 무단 복제를 금지하며, 이 책의 전부 또는 일부를 이용하려면 반드시 지은이와 나비클럽의 서면동의를 받아야 합니다.

잘못된 책은 구입처에서 바꿔 드립니다.

독자 북펀드에 참여해주신 분들(가나다 순)

강경민, 곽민준, 구름, 굳이왜씨, 기은서, 김규태, 김리안, 김민하, 김서린 양배추, 김세현, 김세화, 김수인, 김연우, 김영민, 김우석, 김유진, 김이안, 김재웅, 김재현, 김정화, 김지원, 김태균, 김현경, 김화랑, 나인철, 남궁용, 라리레루, 레디오스, 루미(LUMI), 류주희, 류지훈, 류호승, 모두의탐정, 무경, 박동녘, 박상민, 박상원, 박선영, 박소해, 박종연, 박창영, 박하민, 밤약, 부경대공익탐정단, 설원정, 성채은, 소리눈, 소향, 손종욱, 손진우, 신소연, 심세용, 안세형, 양기원, 양리혜, 양형철, 엄조국, 에몽, 연승민, 염지혜, 오록, 오정민, 우상우, 우상진, 유성희, 유현호, 윤스리스리, 이교탁, 이봉현, 이상희, 이수희, 이슬기, 이시연, 이영미, 이영술, 이윤정, 이은미, 이재균, 이지유, 이태윤, 이현우, 이희연, 임지형, 정동일, 정신선, 정은찬, 정하윤, 제자 배석현, 조은친구김박사김영복, 존버탐정, 주상준, 짜릿한 탐구심, 차용범, 차정현, 채보경, 초록연필 김여진, 최영진, 최희정, 탐정학자김상민, 프랑J, 한수옥, 해작, 햄밍(민서), 향기, 허브, 허정권, 황미희, 황성현, 황세연, 황지, 22번 이상선이요~, akari, Bo Yoon, Dergolem, Makias, Mr Lee, zrabbit 외 57명(총 174명)

참여해주신 모든 분께 감사드립니다.